STÄRKE DEINE GEDANKEN

SORGEN UND ÄNGSTE KONTROLLIEREN, EINE POSITIVE MENTALE EINSTELLUNG ENTWICKELN UND DEIN MINDSET MEISTERN

GERMAN EDITION

SCOTT ALLAN

STÄRKE DEINE

GEDANKEN

Stärke deine
Gedanken

Sorgen und Ängste kontrollieren, eine positive mentale Einstellung entwickeln und dein Mindset meistern

Von Scott Allan

TABLE OF CONTENTS

"Der Mensch wird von sich selbst gemacht oder nicht gemacht; in der Waffenkammer des Denkens schmiedet er die Waffen, mit denen er sich selbst vernichtet. Er schmiedet auch die Werkzeuge, mit denen er sich himmlische Wohnungen der Freude, der Kraft und des Friedens baut. Durch die richtige Wahl und die richtige Anwendung der Gedanken steigt der Mensch zur göttlichen Vollkommenheit auf; durch den Missbrauch und die falsche Anwendung der Gedanken sinkt er unter die Ebene des Tieres herab. Zwischen diesen beiden Extremen liegen alle Stufen des Charakters, und der Mensch ist ihr Schöpfer und Meister."

- James Allen

Stärke deine Gedanken:
Ein Überblick

"Die Menschen neigen dazu, sich mehr mit negativen als mit guten Dingen zu beschäftigen. So wird der Geist von negativen Dingen besessen, von Urteilen, von Schuldgefühlen, von Ängsten, die durch Gedanken an die Zukunft verursacht werden, und so weiter."

- Eckhart Tolle, Autor des Bestsellers
Die Kraft der Gegenwart

Möchtest du mehr Kontrolle über deine kreativen Gedanken haben? Wirst du durch einen Geist zurückgehalten, der in der negativen Vergangenheit feststeckt, anstatt dich auf eine überzeugende Zukunft zu konzentrieren? Verursachen Gedanken der Angst und Sorge Stress und Unruhe?

Wenn du deinen Gedanken freien Lauf lässt, wird dein Verstand zu einer Maschine auf Autopilot. Du tauchst in Angst und Sorge ein, was zu angstbasierten Entscheidungen und Untätigkeit führt. Wenn du zulässt, dass deine Gedanken die Kontrolle über deinen Verstand übernehmen, kannst du zukünftige Chancen sabotieren und dich positiver Erfahrungen berauben, die du eigentlich genießen solltest.

Wenn es dir wie den meisten Menschen geht, befindet sich dein Kopf im Krieg mit sich selbst, wenn es um deine Gedanken geht. Die Gedanken laufen unaufhörlich weiter, scheinbar ohne Ziel und Zwang. Es ist, als ob jemand in deinem Kopf den Regler hochdreht, wenn du einen schlechten Tag hast, wenn du mit jemandem im Konflikt bist oder wenn alles gegen dich läuft.

In diesen Momenten fühlt man sich wie ein Sklave des Meisters im eigenen Kopf. Du bist der Herr über deine eigenen Gedanken. Es ist dieser innere Dialog, der immer weitergeht, voller Selbstkritik und Herabsetzungen. Es ist der innere Lärm, der uns dazu bringt, zu schreien, dass er aufhören soll.

Unsere Gedanken können uns entweder zurückhalten oder uns vorantreiben. Sie können uns helfen oder unseren Fortschritt behindern. Aber die Richtung, in die deine Gedanken gehen, hängt von dir ab.

Du kannst nicht alle negativen Gedanken, die du hast, kontrollieren und beseitigen. Die meisten von ihnen sind nur auf der Durchreise auf dem Weg zu etwas anderem. Es sind zufällige Gedanken über nichts, und wir müssen uns nicht mit ihnen befassen.

Aber ständige und sich wiederholende Gedanken an Ärger, Groll, Mangel, Gier und Sorgen sind destruktiv für deine allgemeine geistige Gesundheit. Mit der Zeit können "schlechte Gedanken" die Mauern deiner geistigen Festung einreißen. Und wenn diese Mauern fallen, kann das Leben wie eine schlechte Fahrt werden.

In diesem Buch, Stärke deine Gedanken, zeige ich dir die Strategien und die richtige Einstellung, um deine Gedanken zu beherrschen, deine Gefühle besser zu kontrollieren und deinen inneren Dialog zu steuern.

Du bist der Krieger deines eigenen Geistes. Du wirst lernen, diese Macht zu nutzen und deine Gedanken, deine geistige Energie und deine kreativen Bestrebungen zu lenken, um alles zu schaffen, wovon du jemals geträumt hast.

Ich weiß, wie es ist, mit einem Geist zu kämpfen, der "außer Kontrolle" ist. Wenn deine Gedanken unkontrolliert sind, können sie deinen Verstand übernehmen und dich dazu bringen, zu reagieren, anstatt bewusst zu handeln. Wie oft hast du dich schon gefragt: "Warum habe ich das gedacht?" oder "Was habe ich gedacht?" Es scheint, als seien wir einem Wesen ausgeliefert, das sich nicht unter Kontrolle hat.

"Überwältigung ist vor allem eine Denkweise. Wenn man über all die Dinge nachdenkt, die man tun muss, landet man mit dem Gesicht auf dem Boden. Es hilft wirklich, alles in kleinere Teile aufzuteilen.

- Jen Sincero, Bestsellerautorin von
Du bist ein Teufelskerl

Mein Ziel mit Stärke deine Gedanken ist es, dir die Macht zurückzugeben, frei zu denken, Ideen ungehemmt auszudrücken und die Freiheit der Kreativität zu erkunden - die größte Freiheit, die es gibt.

Das größte Gefängnis, das es gibt, ist nicht das Gefängnis der tödlichen Verbrecher, sondern das Gefängnis unserer eigenen Gedanken. Deine Gedanken sind die Torwächter, und negatives, pessimistisches Denken ist das Verbrechen. Es ist an der Zeit, deine Gedanken zu befreien und die unentdeckte Kreativität und Freiheit zu erkunden, die sich hinter negativen Denkmustern verbirgt.

Wir geben uns zu viel Mühe, um uns auf unwichtige Dinge zu konzentrieren. Die Menschen, die daran arbeiten, ihr Leben zu verändern, einen Unterschied zu machen und das Leben anderer zu bereichern, engagieren sich für die Arbeit, die die meisten Menschen nicht tun wollen. Sie sind mit Aktivitäten beschäftigt, die eine Dynamik erzeugen und ihre begrenzte Zeit jeden Tag optimal nutzen.

Während Millionen von Menschen jeden Tag vor dem Fernseher sitzen (dem weltweit größten Zerstörer von Kreativität und Zeitverschwendung), arbeiten einige wenige auf ein Ziel, einen Traum und eine Bestimmung hin, die ihr Leben und das Leben der Menschen um sie herum verändern kann.

In diesem Buch geht es darum, deine Gedanken so zu nutzen, dass dein Geist eine starke Denkweise und eine positive Einstellung entwickelt.

Eine Geisteshaltung ist mehr als nur eine "Denkweise"; sie ist eine Art zu sein. Du musst beharrlich sein, wenn du jeden Tag auf die Erfüllung deiner Träume hinarbeitest.

Das Schlüsselelement ist die Schaffung und Aufrechterhaltung einer positiven Einstellung - und der damit verbundenen Haltung. Anstatt nur "positiv zu sein", weil man dir gesagt hat, dass erfolgreiche Menschen das tun, wirst du den Grund für deine positive Einstellung entdecken.

Viele Menschen wissen nicht, worauf sie sich konzentrieren sollen, also konzentrieren sie sich auf alles und schaffen nur sehr wenig. In der heutigen Welt war dies noch nie so einfach wie heute, mit all unseren Gadgets, Schnickschnack und glänzenden Objekten, die um unsere Aufmerksamkeit konkurrieren.

Auf Schritt und Tritt werden wir ermutigt, der neuesten Website beizutreten, das neueste Spiel zu spielen, die neueste Fernsehsendung anzusehen oder die neueste App herunterzuladen. Dein Geist hat eine Menge Konkurrenz!

Aber das ist alles nicht wichtig. Ein Geist, der darauf trainiert ist, sich zu konzentrieren, steht nicht im Wettbewerb mit irgendetwas oder irgendjemandem. Man muss die Ablenkungen nicht bewusst ignorieren, weil man nicht gezwungen ist, sich ihnen hinzugeben.

Du kannst 90 Prozent der Dinge, die nicht wichtig sind, ignorieren und dich auf die 10 Prozent konzentrieren, die wichtig sind. Anstatt das Gefühl zu haben, dass du an allem beteiligt sein musst, was um dich herum passiert, werden wir über "fokussierte Entscheidungen" sprechen, bei denen du selektiv die Gedanken auswählst, die du haben willst, daran arbeitest, diese Gedanken mit einer positiven Einstellung zu stärken, die rockt, und schließlich all dies in die Gestaltung deiner Ideen einfließen lässt, um die Zukunft zu schaffen, die du dir wünschst.

Es ist eine einfache Formel: Erkenne, was du willst. Ermächtige und trainiere deine Gedanken, dich auf diesen Wunsch zu konzentrieren. Entwickle eine Haltung, die dein Ziel unterstützt. Richte alles auf absichtliches Handeln in Richtung deiner kreativen Ideen.

In diesem Buch findest du viele Tipps, Strategien und Aktivitäten, die du während des Lesens umsetzen kannst. Du wirst lernen, wie du die Kraft des positiven, zuversichtlichen und kreativen Denkens nutzen kannst, um das zu bekommen, was du wirklich am meisten willst.

Die Reise kann beginnen.

Blättere auf die nächste Seite und beginne zu lesen ...

Stärke deine Gedanken.

"Du kannst niemals ein großer Mann oder eine große Frau werden, bevor du nicht Angst, Sorge und Furcht überwunden hast. Einem ängstlichen, besorgten oder furchtsamen Menschen ist es unmöglich, die Wahrheit zu erkennen; alle Dinge werden durch solche Geisteszustände verzerrt und aus ihrem richtigen Verhältnis geworfen, und diejenigen, die sich in ihnen befinden, können die Gedanken Gottes nicht lesen."

-Wallace D. Wattles

TEIL I:
Stärke deine Gedanken

Kapitel 1: Vier Lebenslektionen, die mich mein Vater über die Kraft des Denkens lehrte

"Du hast Kräfte, von denen du nie geträumt hast. Du kannst Dinge tun, von denen du nie gedacht hättest, dass du sie tun kannst. Es gibt keine Grenzen für das, was du tun kannst, außer die Grenzen deines eigenen Geistes."

- Darwin P. Kingsley

Als ich ein Kind war, lehrte mich mein Vater vier unvergessliche Lektionen darüber, wie wichtig es ist, seinen Gedanken Kraft zu geben. Mein ganzes Leben lang habe ich diese Lektionen mit mir herumgetragen und sie immer dann angewandt, wenn die Situation es erforderte.

Mein Vater las viel, vor allem Selbsthilfebücher, die sich mit der persönlichen Entwicklung befassten. Er versuchte immer, ein besseres Leben für sich und seine Familie zu schaffen. Er teilte diese Ideen mit mir, wenn ich beunruhigt schien oder mit einem inneren Dämon zu kämpfen hatte, den ich nicht verstand.

Wenn er mir einen Ratschlag gab, sagte er immer, ich solle die Lösung für jedes Problem suchen, indem ich es durchdenke und alle Möglichkeiten analysiere. Er sagte oft: "Das größte Problem der Menschen ist, dass sie nicht genug nachdenken.

Viele der Lektionen, die ich damals gelernt habe, stammen aus der Lektüre der klassischen Selbsthilfebücher: How a Man Thinks von James Allen, *The Power of Positive Thinking* von Norman Vincent Peale und *How to Stop Worrying and Start Living* von Dale Carnegie.

Mein Vater hat mir im Laufe der Jahre viele wichtige Lektionen erteilt. Sie prägten mein Denken und meine Einstellung zu dem Leben, das ich Jahre später führen sollte. Ich werde vier dieser Lektionen mit dir teilen. Nimm diese Lektionen und wende sie auf deine eigene Denkweise an, damit du deine Gedanken beherrschen kannst.

Lektion Eins: Trainiere deinen Verstand zum Denken

Mein Vater sagte mir einmal: "Du solltest lernen, für dich selbst zu denken, damit nicht andere für dich denken müssen.

Damals verstand ich das Prinzip nicht, aber im Laufe der Jahre machte die Lektion Sinn, da ich meinen Verstand trainierte, tiefere Fragen über die wichtigen Dinge im Leben zu stellen. Indem ich für mich selbst dachte, konnte ich übergeordnete Entscheidungen über mein Leben treffen.

Ich erkannte, dass ich mich dafür entscheiden konnte, Dinge wie Logik und Realität zu hinterfragen. Ich konnte meine eigenen Ideen formulieren, anstatt mich darauf zu verlassen, dass die Weisheit und die Ideen anderer das für mich tun. Mit anderen Worten: Wenn ich für mich selbst denke, habe ich mehr Freiheit, ich selbst zu sein.

Hier sind einige Fragen für dich: Was motiviert dich? Warum glaubst du, was du tust? Sind deine Gedanken deine eigenen oder die Gedanken und Meinungen von anderen? Worüber denkst du nach, wenn du allein bist? Welche Gedanken bringen dich dazu, dich für dein Leben zu begeistern?

Indem du deine Gedanken mit tieferen Fragen anzapfst, eröffnest du dir die Möglichkeit, bessere Entscheidungen zu treffen. Du musst nicht alles so hinnehmen, wie es ist, nur weil jemand einmal gesagt hat, dass es auf eine bestimmte Weise ist.

Wenn du für dich selbst denkst, entscheidest du dich dafür, die Kontrolle über deinen eigenen Verstand zu übernehmen. Wenn du anderen erlaubst, für dich zu denken, erlaubst du ihnen, deinen Verstand zu kontrollieren.

Das soll nicht heißen, dass wir nicht um Hilfe bitten sollten, aber wenn du mit einer Situation konfrontiert bist, in der du den nächsten Schritt herausfinden musst, nimm dir die Zeit, das Problem zu durchdenken. Du solltest dir erst dann eine Meinung bilden, wenn du Zeit damit verbracht hast, zu analysieren, zu hinterfragen und deine eigenen logischen Schlussfolgerungen zu ziehen.

Wenn du konsequent lernst und deinen Verstand trainierst, tiefer zu denken, kannst du deinen eigenen Gedanken und Ideen mehr vertrauen. Mit der Zeit trägt das Üben dieser Lektion zum Aufbau von Charakterstärke bei, und das Lösen von Problemen wird zu einem natürlicheren Lernweg.

Ergreife die erste Initiative

Während andere Leute herumstanden und darauf warteten, dass ihnen jemand sagte, was sie tun sollten, lernte ich, die Initiative zu ergreifen und zuerst zu handeln. Indem ich selbständig dachte, kamen die Leute zu mir, um Antworten auf Probleme zu erhalten, mit denen sie zu kämpfen hatten. In diesem Fall würde ich die Person immer zuerst herausfordern, indem ich Fragen stelle: "Was ist denn das Problem? Was würdest du tun, wenn du fünf Minuten Zeit hättest, um eine Lösung zu finden, und niemand anderes in der Nähe wäre?"

Ich habe gelernt, dass man andere dazu motivieren kann, selbst zu denken, und dass man aus diesen Menschen Führungskräfte machen kann. Nicht jeder wird diesen Weg gehen, und die Menschen, die lieber andere für sich denken lassen, bleiben am Ende in Jobs stecken, die sie nicht mögen, weil sie sich weigern, sich zu ändern. Das Denken verändert dich, und es kann auch andere verändern.

Indem du deine Gedanken in die Tat umsetzt und anderen zeigst, wie sie das Gleiche tun können, kannst du eine starke Allianz mit einer Gruppe von Menschen bilden, die sich auf ein bestimmtes Ziel konzentrieren. Jeder kann für sich selbst denken. Sie mögen unterschiedlich denken, aber ihre gemeinsamen Anstrengungen und kreativen Ideen können die Zukunft gestalten.

Es besteht eine weltweite Nachfrage nach Menschen, die ihr Denken auf ein höheres Niveau bringen können. Die Menschen werden dich für deine Fähigkeit bezahlen, ihre Mitarbeiter zu mehr Effizienz zu befähigen oder ihnen bessere Wege aufzuzeigen, wie sie ihr Unternehmen produktiver führen können.

Möchtest du deine Gedanken selbst in die Hand nehmen und lernen, dein Denken und Verhalten zu kontrollieren? Oder würdest du lieber für jemanden arbeiten, der das Denken für dich übernimmt? Du kannst deinen eigenen Lebensweg wählen; es gibt keine richtige oder falsche Richtung, wenn du dort landest, wo du hinwillst.

Du kannst deine Gedanken so disziplinieren, dass sie dein Leben in jede Richtung lenken, die du wählst. Auf diese Weise leistest du den größten Beitrag zu einem Leben voller Kreativität und Vielfalt.

Lektion zwei: Ängstliche Gedanken mit Dankbarkeit beseitigen

Mein Vater hat mir gesagt, dass ich auf die Gedanken achten soll, die ich über die Angst habe. Ängstliche Gedanken sind unvermeidlich, und die größte Herausforderung für die meisten Menschen ist, was zu tun ist, wenn ängstliche Gedanken überhand nehmen.

Er sagte: "Jeder Mensch hat Angst, und die Menschen gehen auf unterschiedliche Weise mit ihr um. Manche Menschen hören auf ihre ängstlichen Gedanken und tun törichte Dinge. Andere Menschen hören auf ihre Gedanken und beobachten die Angst, die dort wächst, und sie finden einen Ansatz, um sie in Kraft zu verwandeln.

Er sagte auch, dass ängstliche Gedanken dich entweder zum Handeln zwingen werden, sodass du keine Angst mehr hast. Aber ängstliche Gedanken werden dich zwingen, dich zurückzuziehen. Wenn du einmal die Entscheidung getroffen hast, vor der Angst wegzulaufen, wird dies zu deinem neuen Standardverhalten im Umgang mit schwierigen Situationen. Stelle dich dem, wovor du Angst hast, und tue dies so lange, bis es zu deiner neuen Gewohnheit wird.

Laufe nicht vor der Angst davon und lasse nicht zu, dass ängstliches Denken dich deiner Fähigkeit beraubt, dein Leben zu leben und das zu tun, was du willst. Menschen, die nach Größe streben, erreichen ihr Ziel, indem sie sich den Herausforderungen stellen, vor denen sie sich am meisten fürchten, und ihre angstbasierte Denkweise durchbrechen.

Jeder hat die Wahl, wie er auf ängstliche Gedanken reagiert. Man kann entweder in der Angst vor der Angst leben und sie als ein Gefühl des drohenden Untergangs erleben, oder man kann sich gegen die Gedanken wehren, die die Angst erzeugen.

Die Kontrolle über meine Angst war die zweite Lektion in der Stärkung meiner Gedanken. Ich begann zu bemerken, in welchen Bereichen meines Lebens die Angst am größten war: Finanzen, Angst vor dem Versagen, Selbstzweifel und Unsicherheit. Meine Gedanken waren voller Angst, aber sie war so tief in meiner Psyche verwurzelt, dass ich sie nicht bemerkte.

Die Identifizierung meiner Gedanken, die mit bestimmten Situationen verbunden sind, gab mir die Klarheit, die Kontrolle über diese Gedanken zu übernehmen, anstatt ihnen freien Lauf zu lassen. Wenn ich zum Beispiel Gedanken der Knappheit hatte, fürchtete ich, Geld zu verlieren und machte mir Sorgen, nie genug zu haben. Wenn ich in der Öffentlichkeit sprach, füllte sich mein Kopf mit der Angst, zu versagen und von den Zuhörern beurteilt zu werden. Es war, als ob in meinem Kopf ein Krieg tobte, und ich konnte nur zusehen.

Ängstliche Gedanken beeinflussen uns auf vielerlei Weise

Wenn ein Großteil deines Denkens auf Angst basiert, werden deine Standardhandlungen auf deinen Ängsten beruhen. Wenn du zum Beispiel befürchtest, dass dir das Geld ausgeht, reagierst du vielleicht mit Horten und Knausern. Dadurch wird jedoch die Angst, kein Geld zu haben, noch verstärkt. Indem du verleugnest, dass du ängstlichen Gedanken nachgibst, gibst du ihnen mehr Macht, die Oberhand zu gewinnen.

Ängstliche Gedanken erzeugen ein "Mangeldenken". Du glaubst, dass du nie genug haben wirst, egal wie viel du gewinnst. Wenn du dich immer auf das konzentrierst, was du nicht hast, verwendest du deine geistige Energie auf das, was in deinem Leben fehlt. Du bist immer auf der Suche nach dem nächstbesten Ding. Und wenn du es dann endlich hast, willst du das nächstbeste danach.

Das führt dazu, dass du besessen bist, immer mehr Dinge anzuhäufen, die dein Leben ausfüllen, dich aber trotzdem leer lassen. Du willst mehr und mehr von den Dingen, die dein Verstand will. Er wird zu einem Fass ohne Boden, das nie gefüllt werden kann.

Knappheitsdenken ist der Nährboden für Angst: Angst vor Verlust, Angst, in Armut zu leben, und Angst, nicht genug zu haben.

Es ist ein zweischneidiges Schwert: Je mehr du hast, desto mehr willst du. Das Knappheitsdenken wird zu einer schlechten Angewohnheit, zu der du immer dann zurückkehrst, wenn eine Situation eintritt, die deine Sicherheit bedroht. Es wird zu einer Endlosschleife, die nie befriedigt wird.

Das alles änderte sich, als ich die ängstlichen Gedanken erkannte, als sie auftauchten. Es war eine alte Angst, mit der ich mich nie auseinandergesetzt hatte. Als ich sie zum ersten Mal erkannte, war ich in der Lage, das schlechte Denken durch neues Denken zu ersetzen. Du kannst das Gleiche tun.

Anstatt zu denken: "Sie werden mich auslachen", würde ich denken: "Diese Leute werden meine Rede lieben." Anstatt zu denken: "Ich wünschte, ich hätte mehr Geld", würde ich das ersetzen durch: "Ich habe alles Geld, das ich brauche."

Mein Vater sagte, man solle sich immer in Dankbarkeit üben. Liebe, was du hast, und lass los, was du nicht hast. Nichts sollte als selbstverständlich angesehen werden, sagte er, nicht einmal die Luft, die wir atmen, oder das Wasser, das in unseren Häusern so leicht verfügbar ist.

Sei dankbar für das, was du heute hast, und verstricke dich nicht in Zukunftssorgen. Wenn wir uns auf die Ungewissheit der Zukunft konzentrieren, verlassen unsere Gedanken den gegenwärtigen Moment und öffnen den Weg für mehr Angst.

Dankbarkeit und ängstliche Gedanken können nicht im selben Raum koexistieren. Du kannst wählen, wie du diesen Raum in deinem Geist teilen willst.

Dankbarkeit ist im Jetzt

Du kannst Knappheitsdenken durch Dankbarkeit ersetzen. Das ist das einzige Mittel, das ich kenne, das funktioniert. Wenn du 100 Euro auf deinem Bankkonto hast, sei dankbar, dass es nicht 10 Euro sind. Wenn du 10 Euro hast, sei dankbar, dass du keine 10 Euro schuldest. Suche in jeder Situation nach einer Gelegenheit, Dankbarkeit auszudrücken und deine Ängste vor Knappheit in Gedanken zu verwandeln, die sich auf Fülle konzentrieren.

Sage den Menschen in deinem Leben, dass du dich glücklich schätzen kannst, sie in deinem Leben zu haben. Dankbarkeit gegenüber den Menschen, die dir wichtig sind, ist der beste Weg, um die Angst in Schach zu halten. Niemand ist ängstlich, wenn er dankbar für die Menschen ist, mit denen er sein Leben teilt.

Aber es gibt noch eine andere Herausforderung. Wir sollten auch für die Menschen dankbar sein, die uns Leid zufügen; sie lehren uns etwas Wertvolles über uns selbst.

Vergeude keine Zeit mehr damit, dich auf Menschen zu fixieren, die dich ärgern oder die dir seelischen Kummer bereiten. Schließlich ist dein Geist das Modell dessen, worauf du dich konzentrierst. Wenn du deine Gedanken auf das richtest, was du liebst, fühlst du dich großartig. Wenn du dich auf Dinge konzentrierst, die du hasst, nimmt deine Einstellung die Gedanken an, die diesen Hass nähren.

Wenn wir einen Konflikt haben, denken wir meistens, dass es an der anderen Person liegt. Aber der Konflikt ist in uns. Die andere Person löst ihn nur aus, und wir reagieren darauf aus alten Konditionierungen heraus. Menschen, die Stress und Angst in Beziehungen bringen, können auch gute Lehrer sein.

Viele der Menschen, von denen ich früher sagte, dass ich sie nicht mag, zeigten mir meinen Mangel an Toleranz, meinen Mangel an Freundlichkeit und wie viel Angst ich in mir trug.

Indem ich die Lektionen hinter der Angst erkannte, konnte ich mein Denken ändern und die Situationen, die ich nicht mochte, als notwendige Lernkurven betrachten.

Lektion 3: Deine Komfortzone erweitern

Mein Vater hat mir einmal gesagt: *"Der Grund, warum die Menschen Schwierigkeiten haben, sich zu verändern, ist, dass sie ihre Gedanken nicht hinterfragen und es vorziehen, in der Bequemlichkeit ihres eigenen Verstandes zu bleiben. Du solltest deine Komfortzone der Angst herausfordern und jeden Tag etwas anderes tun."*

Wie die verstorbene Bestsellerautorin Susan Jeffers einmal sagte: "Man kann die Angst spüren und es trotzdem tun.

Ganz gleich, welche Ängste du hast, sie müssen dich nicht beherrschen. Gib ihnen keine Erlaubnis. Wenn du die Angst spürst, tritt zurück und beobachte, wovor du Angst hast. Welche Gedanken hast du, die deine Angst auslösen? Wenn du etwas gegen die Gedanken unternimmst, die deine Angst verursachen, verschwinden sie und verlieren ihre Macht über dich. Direktes Handeln ist das einzige Heilmittel, das ich kenne.

Laut Statistik wollen 83 % der Menschen ein Buch schreiben, aber nur 1 % schafft es. Wenn dies dein Ziel ist, schreibe zunächst kurze Notizen. Bringe einige Wörter zu Papier, die mit deinem Thema zu tun haben. Dann schreibe eine Seite. Wenn du das nicht schaffst, schreibe einen Satz. Manchmal muss man seine Angst in Minischritte zerlegen, die funktionieren.

Schreibe die Maßnahmen auf, die du ergreifen könntest, und wähle eine aus. Tue etwas. Wenn du das nicht tust, wird sich dein

Verstand drehen und du wirst die gleichen Ängste Tag für Tag wieder erleben. Ich weiß, dass viele Menschen ihr Leben damit verbracht haben, all die Dinge zu bereuen, die sie nie getan haben. Am Ende wirst du es bereuen, in Angst zu leben und nicht das zu tun, wozu du geboren wurdest.

Es ist völlig in Ordnung, es zu versuchen und beim ersten Mal zu scheitern. Du wirst nicht immer beim ersten Versuch Erfolg haben, aber wenn du dein Bestes gibst, wird die Angst geringer und jede Aktion leichter. Diejenigen, die ihre Ängste in den Griff bekommen und Maßnahmen ergreifen, um voranzukommen, werden immer über diejenigen siegen, die sich verstecken und sich nicht mit den Gedanken auseinandersetzen, die sie festhalten.

Ich habe immer Angst, wenn ich daran denke, etwas Neues auszuprobieren, das außerhalb meiner Komfortzone liegt. Das kann ein Vorstellungsgespräch sein, die Veröffentlichung eines neuen Buches oder ein erstes Treffen mit jemandem. Diese Angst hängt oft mit dem Gefühl der Ablehnung, der Angst vor dem Versagen oder der Angst, den Erwartungen nicht gerecht zu werden, zusammen.

Je mehr Angst du hast, desto besser geht es dir. Angst ist ein Indikator dafür, was zu tun ist. Benutze deine ängstlichen Gedanken als Messlatte, um festzustellen, woran du arbeiten musst. Je mehr Dinge du fürchtest, desto mehr Maßnahmen kannst du ergreifen, um deine Ängste zu verringern.

Es ist ein Irrglaube, dass ängstliche Gedanken etwas Schlechtes sind. Es ist deine Angst, die dich dazu veranlasst, mehr zu unternehmen - selbst, wenn du Angst hast. Du wirst sie nie loswerden, denn jedes Mal, wenn du aus deiner Blase heraustrittst, wartet die Angst auf dich. Deine ängstlichen Gedanken sind Signale dafür, dass du entweder etwas falsch machst oder etwas aufschiebst, das getan werden muss.

Dein ängstliches Ego vermeidet Risiken, indem es sich mit sinnlosen Aktivitäten beschäftigt, die dich auf Trab halten. Den Fernseher einzuschalten, stundenlang ein Videospiel zu spielen oder zu sehen, was andere Menschen in den sozialen Medien tun, kann deine Angst überdecken. Sobald diese Ablenkungen enden, wirst du dich wieder ängstlich fühlen.

Übe dich darin, dir der Momente bewusst zu werden, in denen du etwas aufschiebst oder dich mit flüchtigen Aktivitäten beschäftigst. Wenn du den Drang verspürst, wegzulaufen, nährst du damit die ängstlichen Gedanken, die dich festhalten.

Die meisten Menschen bleiben in den sicheren Grenzen ihres Verstandes, der sich nicht traut, Veränderungen und Wachstum anzustreben. Wenn du etwas Neues ausprobierst, kannst du den Widerstand in deinem eigenen Geist spüren. Irgendetwas sagt dir, dass dies nicht das übliche Protokoll ist und dass du besser vorsichtig sein solltest, sonst ...

SCHEITERST DU.

Die Angst vor dem Scheitern betrifft mehr Menschen, als du denkst. Aber wirkliches Versagen kommt daher, dass man sein Potenzial nicht ausschöpft und klein bleibt hinter dem Schatten dessen, was man sein könnte. Nichts ist so vergeudet wie das Leben eines Menschen, der seinen Verstand verschwendet. Wenn du erfolgreich sein willst, gehe ein Risiko ein und tue, was dir Angst macht.

Manche Leute glauben, dass man, wenn man ohne Fallschirm aus einem Flugzeug springt, irgendwie herausfinden wird, wie man sicher landet. Es gibt viele Menschen mit perfekten Fallschirmen, die diesen Sprung nie machen.

Fordere deine Komfortzone heraus. Springe mindestens einmal am Tag aus ihr heraus. Verschiebe die Angstgrenze jeden Tag ein bisschen weiter.

Erinnerst du dich an die Szene in *Die Gefährten* aus dem Film Der Herr der Ringe, als Frodo und Sam sich auf den Weg aus dem Auenland machten? Sam war am Rande des Auenlandes stehen geblieben und sagte: "Wenn ich noch einen Schritt weiter gehe, bin ich weiter gegangen als je zuvor."

Fahre fort. Mache jetzt diesen Schritt.

Lektion Vier: Sei Herr über deine Umstände

Als ich aufwuchs, hatte ich viel Angst um mein Leben. Ich machte mir über alles Sorgen und ließ mich von äußeren Situationen unterkriegen. Meine schulischen Leistungen waren schlecht, und ich war überzeugt, dass ich im Leben versagen würde.

Eines Tages teilte ich diese innere Angst und Sorge meinem Vater mit. Er lehrte mich daraufhin die wichtigste Lektion, wie ich meine Gedanken ermächtigen kann.

Er sagte: "Man kann sich das Umfeld oder die Umstände, in die man hineingeboren wird, nicht aussuchen, aber man kann sich das Leben erschaffen, das man will, indem man entscheidet, was man aus diesen Umständen macht. Das ist so viel mehr als der Glaube, dass dein Leben ein Nebenprodukt deiner Bildung, deiner Erziehung und deiner Umgebung ist.

Wenn du dich einfach zurücklehnst und zulässt, dass das Leben zu dem wird, was es sein mag, werden die Umstände dein Leben nach den Wünschen anderer gestalten und formen. Wenn du frei sein willst, setze dir deine eigenen Ziele im Leben und mache einen Plan. Deine Gedanken werden einen natürlichen Kanal der Kontinuität bilden, um sicherzustellen, dass du dein Ziel erreichst.

Wenn du eine klare Vorstellung davon hast, wo du hinwillst, und du sagen kannst: "Ja, das ist es, was ich will!" und du bereit bist, alles zu tun, was nötig ist, um dorthin zu gelangen, dann ändert sich alles.

Wenn du den festen Entschluss fasst, Herr über dein Umfeld zu sein, und dich bemühst, jedes Hindernis aus dem Weg zu räumen, das deine Vision von dem, was du sein willst, infrage stellt, erreichst du eine neue Ebene. Du kannst dich dafür entscheiden, nicht zufrieden zu sein.

Deine Gedanken - wenn sie genährt werden - schaffen die wünschenswerten Situationen und die Lebensqualität, die du dir wünschst. Wenn deine Gedanken vernachlässigt werden und du die Dinge einfach geschehen lässt, wirst du in einer Situation enden, in der du Dinge tust, die du hasst. Du wirst hart daran arbeiten, den Traum eines anderen zu verwirklichen, anstatt deinen eigenen.

Einer der Gründe, warum Menschen nicht das Leben leben, das sie sich wünschen, ist, dass sie glauben, sie hätten keine Kontrolle über ihr Leben. Sie bleiben Jahr für Jahr im selben Job stecken, in denselben miesen Beziehungen, leben ein Leben, das sie bereuen. Sie erfinden Ausreden, die sich hartnäckig halten, anstatt sich neue Gewohnheiten anzueignen, um ihr Verhalten zu ändern.

Du bist nicht das Produkt deiner Umgebung oder deiner Umstände. Du bist von diesen Dingen beeinflusst worden, aber du bist nicht von ihnen geschaffen worden.

"Die Königin aller Medien"

"Ich halte mich nicht für ein armes, benachteiligtes Ghettomädchen, das sich hochgearbeitet hat. Ich sehe mich als jemand, der schon in jungen Jahren wusste, dass ich für mich selbst verantwortlich bin - und dass ich das wiedergutmachen muss." - **Oprah Winfrey**

Oprah Winfrey, die als "Königin der Medien" und reichste Afroamerikanerin des zwanzigsten Jahrhunderts bezeichnet wird, wurde als Tochter einer alleinerziehenden Mutter im

Teenageralter im ländlichen Mississippi in Armut geboren. Die ersten sechs Jahre ihres jungen Lebens verbrachte Oprah bei ihrer Großmutter, die zu dieser Zeit so arm war, dass Oprah Kartoffelsäcke als Kleidung tragen musste.

Doch Oprah beschloss schon in jungen Jahren, dass sie nicht in Armut leben wollte. Sie weigerte sich, sich von ihrer derzeitigen Situation bestimmen zu lassen, wer sie werden könnte. Oprah überwand alle Widrigkeiten und trotzte einem Leben voller Entbehrungen und Armut, um Amerikas einflussreichste Talkshow-Moderatorin und die "einflussreichste Frau der Welt" zu werden.

Der Meister der Umstände

Du kannst deine Umstände meistern. Unabhängig von den Schwierigkeiten, mit denen du konfrontiert bist, oder von der Größe des Berges, den du erklimmen musst, um dein Ziel zu erreichen, kannst du nur von deinen eigenen Gedanken besiegt werden.

Das soll nicht heißen, dass du allein für das Umfeld verantwortlich bist, in das du hineingeboren wirst. Menschen, die in Armut, Gewalt oder verschiedene Formen der "vorübergehenden Einschränkung" hineingeboren werden, haben sich diese Art zu leben nicht ausgesucht. Aber wenn du erkennst, dass du deine Gedanken wählen kannst, gewinnst du die volle Kontrolle über die Richtung deines Lebens.

Dies ist die Definition von wahrer Macht: Wenn du nicht mehr den äußeren Umständen die Schuld für deine aktuelle Lebenssituation gibst. Du kannst die volle Verantwortung dafür übernehmen, wo du dich gerade befindest, und erkennen, dass du der Einzige bist, der es ändern kann, wenn es dir nicht gefällt.

Welches sind also die Umstände, die du brauchst, um dich erfüllt zu fühlen? Was müsstest du an dir selbst ändern, um dieses positive Element in dein Leben zu bringen? Was kannst du heute tun, was du noch nie getan hast und was einen großen Einfluss darauf haben würde, wie du dein Leben lebst und jeden Tag genießt?

Konzentriere dich darauf, mit dem in Kontakt zu kommen, was dich wirklich antreibt und was dich ausmacht. Die Entwicklung einer guten Einstellung beginnt damit, dass du die Verantwortung für dein Leben übernimmst. Es geht darum, sich zu entscheiden und die schwierige Wahl zu treffen zwischen dem, was du akzeptierst und dem, was du ablehnst, anstatt einfach das zu nehmen, was man dir vorsetzt.

Wichtigste Erkenntnisse

Lektion eins: Denke immer selbständig. Entwickle die Gewohnheit, alles zu hinterfragen.

Lektion zwei: Behalte die Dankbarkeit in deinem Kopf. Mache jeden Morgen eine Dankbarkeitsliste mit drei Dingen, für die du dankbar bist. Wenn du merkst, dass du in ängstliche Gedanken abgleitest und in die Irre geführt wirst, bringe deinen Geist zurück in den gegenwärtigen Moment.

Lektion drei: Die Flucht vor sich selbst ist eine Reaktion auf ängstliche Gedanken. Das erzeugt Stress und kann zu großen Angstzuständen führen. Wir können damit umgehen, indem wir direkt etwas gegen unsere Ängste unternehmen. Breche aus deiner Komfortzone aus. Egal, was die Angst ist, sie kontrolliert dich nicht. Lass deine Handlungen die Angst dazu bringen, das zu tun, was du willst.

Lektion vier: Wir sind nicht Sklaven unserer Umstände; wir sind ihre Meister. Deine Gedanken können dich entweder besiegen oder dir Auftrieb geben. Wenn du daran glaubst, dass du die Kontrolle über den Verlauf deines Lebens erlangen kannst, indem du deine Gedanken lenkst, bist du in der Lage, die Verantwortung für dein Leben zu übernehmen.

Kapitel 2: Das Denken lenken und die Achtsamkeit stärken

Eine wirkungsvolle Form der Nutzung deiner Gedanken ist die Disziplin der **Achtsamkeit**.

Achtsamkeit wird seit Jahrhunderten von Meistern des Geistes praktiziert, um mehr Klarheit und Bewusstsein für die Gedanken zu erlangen, die im gegenwärtigen Moment entstehen. Wenn wir keine Kontrolle über unsere Gedanken haben, fallen wir dem Affengeist zum Opfer, bei dem unsere Gedanken überhand nehmen und wir reaktiv werden. Dies führt zu allen möglichen Problemen: Angst, Sorgen und zwanghaftes negatives Denken.

Deine Gedanken können dir auf zwei Arten dienen. Zum einen bringen sie Seelenfrieden, Freude und Glück in dein Leben. Das ist das Ergebnis dessen, wie du dich fühlst, wenn du klar denkst, mit Gedanken der Liebe, Dankbarkeit, Kreativität und Klarheit. Du fühlst dich gut, und deine Wahrnehmung der Welt ist positiv.

Der andere Weg ist eine Einladung zu Gedanken der Wut, Frustration, Reizbarkeit oder Verwirrung. Irgendetwas stimmt in deinem Leben nicht und du denkst so lange über diese eine Sache nach, bis du nur noch daran denkst. Es könnte ein ungelöstes Problem sein oder jemand, der dir Kummer bereitet.

Aber die Frage ist, *ob du deine Macht verschenkst? Lässt du zu, dass deine Gedanken die Kontrolle übernehmen? Beeinflusst dein Denken deine Gefühle?*

Das ist normal und natürlich. Jeden Tag werden uns Gedanken durch den Kopf gehen. Wer sich der Beherrschung seiner

Gedanken widmet, kann seine Gefühle nach Belieben kontrollieren. Das ist meiner Meinung nach die wahre geistige Meisterschaft.

So viele Menschen konzentrieren sich auf das Äußere, um zu bekommen, was sie wollen, und sind dann enttäuscht, wenn nichts klappt.

Zum Beispiel:

"Oh, ich dachte, sie mag mich, aber jetzt fühle ich mich zurückgewiesen."

"Niemand wird mich akzeptieren. Ich habe das Gefühl, nichts zu sein."

"Das wäre nicht passiert, wenn nur ..."

Du kannst deinen Geist trainieren, sich mit deinen Gedanken zu synchronisieren. Das ist Selbstbeobachtung. Du bist dir bewusst, was du denkst, aber du machst dir nicht die Mühe, etwas dagegen zu tun. Manchmal können wir das nicht. Wir müssen lernen, über uns selbst hinaus zu denken. Wenn du deinen Geist in einen Zustand der Achtsamkeit versetzt, beginnt sich deine Wahrnehmung zu verändern. Wenn du die Dinge anders siehst, denkst du auch anders.

Wenn du auf die Gedanken achtest, die auftauchen und deinen Tag zu ruinieren drohen, wirst du feststellen, dass du nicht nur mehr Kontrolle darüber hast, was du denkst, sondern auch jeden Gedanken zurückweisen kannst, der nicht zu deinem aktuellen emotionalen Zustand passt.

Nehmen wir an, du beschließt heute, deinem Ärger keinen Ausdruck zu verleihen. Vielleicht hast du oft Phasen, in denen du einfach ausrastest oder dir sagst: "Ich halte es nicht mehr aus." Aber das, was du dir sagst, wird zu einem Gedanken, und der bildet eine Reaktion. Wenn du denkst: "Ich werde jetzt gleich ausrasten", wirst du das wahrscheinlich auch tun. Du wirst nach einem Grund suchen, um um dich zu schlagen, und deine Gedanken werden sich zu der Emotion formen, die du zum Ausdruck bringen willst.

Heute ist definitiv ein schlechter Tag. Alles fällt auseinander. In diesem Fall werden deine Gedanken und Gefühle einen Gedankengang in Gang setzen, der in direktem Zusammenhang mit den Erfahrungen steht, die du gerade machst. Vielleicht übertreibst du deine negative Erfahrung, indem du sie schlimmer erscheinen lässt, als sie ist. Die Welt bricht zusammen. Jeder hasst dich. Sogar Hunde kommen nicht in deine Nähe.

Negatives Denken geschieht nicht einfach ohne deine Erlaubnis. Dies ist eine wichtige Lektion, die du lernen musst. Du gibst dir selbst die Erlaubnis, zu denken, zu fühlen und zu reagieren. Du kannst wählen, ob du dein Leben als ein Zugwrack oder als eine wunderschöne Fahrt durch die Berge siehst.

Wie kann Achtsamkeit dir helfen, den Impuls, negativ zu denken, zu überwinden? Die meisten Menschen versagen beim Denken, bevor sie bei irgendetwas anderem versagen. Wie du lernen wirst, ist die Beherrschung deiner Gedanken schwierig. Wie bei allen Dingen, die eine Veränderung erfordern, musst du die Gewohnheit entwickeln, dich auf deine Gedanken zu konzentrieren, wenn sie auftreten. Das bedeutet nicht, dass du über jeden Gedanken nachdenken musst, den du hast, sondern dass du dir der Gedanken bewusst werden musst, die deinen Geisteszustand negativ beeinflussen.

Du kannst die Tasse als halb leer oder halb voll sehen. Du kannst in einem entspannten Zustand des Seins leben, den dir die Achtsamkeit verleiht, oder du kannst die Kontrolle verlieren, wenn deine Gedanken deinen Geist auf dunklere Pfade zu größerem Leiden führen.

Techniken der Achtsamkeit

Hier sind einige Techniken, die dir helfen, Achtsamkeit in deinem Alltag zu praktizieren. Verpflichte dich, jeden Tag mindestens zehn Minuten lang deine Gedanken mit Achtsamkeitspraxis zu heilen.

Höre tief entspannende Musik.

Musik hat viele Vorteile für unsere Gesundheit. Die Art der Musik, die du hörst, beeinflusst die Art, wie du denkst. Wenn du die richtige Musik hörst, kannst du deine Gedanken mit einer tieferen Ebene von Emotionen und Harmonie verbinden, wodurch du deinen Zustand sofort ändern kannst.

Hier sind drei Möglichkeiten, wie das Hören von meditativer oder entspannender Musik während des Tages die Qualität deines täglichen Lebens erheblich verbessern kann:

Entspannende Musik verbessert die Qualität des Schlafs: Studien haben die Wirkung von Entspannungsmusik und ihren positiven Einfluss auf das Schlafverhalten bewiesen. Man ist sich einig, dass sie den Geist entspannt und die Qualität der Gedanken während des Schlafs verbessert. Schalte vor dem Schlafengehen mindestens eine Stunde vorher den Fernseher und den Computer aus. Blockiere die letzten 30 Minuten des Tages mit entspannender Musik.

Entspannende Musik ist eine Gehirntherapie. Entspannende Musik kann wie eine Therapie wirken und dich aus der Depression holen, indem sie dem Gehirn hilft, kreative Ideen zu entwickeln. Sie verbessert die Konzentration und kann Ängste, Blutdruck und Schmerzen reduzieren sowie die geistige Wachheit, die Stimmung und das Gedächtnis verbessern.

Entspannende Musik baut Stress ab. Du solltest dreimal am Tag mindestens zehn Minuten lang entspannende Musik hören.

Stress kann sich im Laufe des Tages aufbauen. Musik zur Tiefenentspannung kann dir helfen, ihn zu bewältigen. Das Beste daran ist, dass sie dir hilft, deine Gedanken zu kontrollieren.

Suche dir einen ruhigen Ort, an dem du zehn Minuten lang allein sein kannst, und stimme dich auf deine Musik ein. Das Lied "Weightless" von Marconi Union kann deinen Herzschlag beruhigen, deine Atmung verlangsamen und deine Gehirnaktivität anregen.

Übe dich in visueller Vorstellungskraft.

Ich habe diese Form der Wachmeditation schon vor vielen Jahren entdeckt. Du hast eine starke Vorstellungskraft. Nutze sie. Stell dir die Zukunft vor, die du haben könntest. Kannst du dir vorstellen, wie du deine Schwierigkeiten überwindest, um besser zu werden, wer du bist und was du tun kannst?

Die Visualisierung eines positiven Ereignisses kann eine wirkungsvolle Form des Gedankentrainings sein. Wo wären deine Gedanken, wenn du nur gute Gedanken hättest? Was wäre, wenn du die negativen Gedanken, die du nicht haben willst, auffangen könntest, bevor sie sich festsetzen?

Stell dir vor, wie es wäre, einen perfekten Tag zu haben. Wie würdest du dich fühlen? Mit wem bist du zusammen? Was denkst und fühlst du? Indem du dich selbst als freien Akteur vorstellst (d. h. frei vom Leiden des schlechten Denkens), kannst du deine Momente und Stunden so gestalten, wie du es willst.

Zerquetsche dein geistiges Ungeheuer.

Früher bekam ich Kopfschmerzen, wenn ich in eine negative Gedankenfalle geriet. Das passierte oft, und eines Tages wurde mir klar: Negatives Denken - Kritik, Vergleiche mit anderen, Unzufriedenheit mit dem eigenen Platz im Leben - ist schmerzhaft, wenn man damit lebt.

Wenn wir uns freiwillig selbst herabsetzen, sinkt unser Selbstwertgefühl und unser Selbstvertrauen wird erschüttert. Es gibt viele Möglichkeiten, zu leiden, aber sich selbst mental niederzumachen ist die schmerzhafteste.

Du musst die Lügen nicht glauben (und die meisten davon sind Lügen). Das selbstkritische Monster ist nur in deinem Kopf real. Du kannst es mit den Strategien in diesem Buch vernichten. Eine Strategie, die ich empfehle, nenne ich die "Zerquetsch es"-Strategie. Sie funktioniert folgendermaßen:

Stell dir all die schlechten Gedanken vor, die du hast, und die negativen Laster und Menschen/Orte, die dich mit Wut erfüllen. Der Grund, warum sie Macht über dich haben, ist, dass du diese Gedanken durch deinen Geist gehen lässt.

Stell dir nun vor, du nimmst all diese Dinge und stellst dir vor, wie du sie zu einem Ball zerdrückst. Zerkleinere ihn, bis er die Größe eines Baseballs hat. Dann wirf ihn in ein Feuer. Sieh zu, wie er brennt.

Stell dir im Geiste vor, dass du mit einer weißen Weste beginnst. Stell dir ein positives Zitat vor und halte es dort fest. Wiederhole das Zitat für dich selbst. Denke an nichts anderes. Wenn andere Gedanken auftauchen, lass sie vorbeiziehen. Du bist der Herr über deine Gedanken. Du bist der Torwächter dessen, was in deinen Geist eindringt. Niemand kann sich in dich einmischen. Die Stimmen der Vergangenheit können dich nicht verletzen. Alte Misserfolge haben keinen Einfluss auf dich. Du bist frei.

Übe diese Übung am Ende des Tages, wenn du müde oder erschöpft bist oder deine Gedanken für den nächsten Tag neu ordnen musst.

Gedankenkonditionierung und Auslöser

Hattest du schon einmal mit einer Person oder Situation zu tun, die dir ein negatives Gefühl gab? Hat sich das zuerst auf deine Gedanken ausgewirkt, da du in die Gewohnheit hineingezogen wurdest, zu viel über die Situation nachzudenken und dich gegen sie zu verteidigen?

Zwei große Auslöser für schlechte Gedanken sind, wenn Menschen dich übermäßig kritisieren und wenn du dich in einer Situation befindest, die deine Angst herausfordert. Egal, was passiert, du wirst in den Kaninchenbau der schlechten Gedanken hineingezogen.

Am Ende des Tages bist du unruhig, ängstlich und hast die Nase voll von dem Tag, den du hinter dir hast. Aber das muss nicht so sein.

Das kannst du tun. Nutze die Achtsamkeit und nimm deine Gedanken in Echtzeit wahr, und bemerke, was deine Gedanken auslöst, damit du ängstlich, besorgt oder ängstlich wirst.

Ist es eine Person, mit der du einen Konflikt hast? Ist es eine Situation oder ein Ort, an dem du gewesen bist? Wir alle haben solche Situationen in unserem Leben. Aber um das Problem an der Wurzel zu packen, musst du wissen, wo es angefangen hat. Was war der Auslöser?

Deine Gedanken sind stark mit Menschen, Orten und Dingen verbunden. Je nach der Art der Erfahrung kannst du gute Gedanken haben, die positiv, unterstützend und gesund sind. Du kannst aber auch negative Gedanken haben, die Stress, Angst und Unruhe erzeugen.

Um den Auslöser zu bekämpfen, musst du dich mit der Quelle befassen. Wenn es eine schwierige Beziehung ist, die deine Gedanken verdunkelt, besteht eine Möglichkeit, deinen Geisteszustand zu schützen, darin, Abstand zu dieser Person zu gewinnen. Dies könnte ein Vorgesetzter oder Mitarbeiter, dein Ex-Ehepartner oder ein Elternteil sein. Wenn dies nicht möglich ist, versuche heilende Affirmationen zu verwenden, wenn du dich in der Gegenwart der betreffenden Person befindest. Trage sie bei dir, wohin du auch gehst.

Affirmationen sind positiv besetzte Aussagen, die uns helfen, unsere Gedanken besser zu kontrollieren. Anstatt zuzulassen, dass sich deine Gedanken in Wut, Groll oder Rache verwandeln, wiederhole deine Affirmationen für dich selbst, wenn du dich in der Gegenwart von Menschen befindest, die deinen Geisteszustand beeinflussen.

Negative Gedanken ersetzen, um den Gedankenkrieg zu gewinnen

Du wirst immer negative Gedanken haben. Das ist unvermeidlich. Du wirst ständig von Menschen und Ereignissen herausgefordert, die sich direkt auf deine Denkmuster auswirken. Die Art und Weise, wie du auf die Situation reagierst, bestimmt die Ebene des Denkens, auf die du dich begibst, um sie zu bewältigen.

Dein Ziel ist es nicht, negative Gedanken für immer zu eliminieren. Das ist ein unrealistisches Ziel. Was du tun kannst, ist, dich mit neuen Werkzeugen, Taktiken und Strategien auszurüsten. Wenn du in den Krieg ziehst, brauchst du die richtigen Waffen für den Kampf. Und es gibt viele Tage, an denen der einzige Feind deine eigenen Gedanken sind.

Gedanken der Sorge, des Zweifels, der Depression und der Angst sind Teil unseres Wesens. Wir machen uns vielleicht immer Sorgen, aber wir können sie überwinden, indem wir im gegenwärtigen Moment bleiben.

Die meisten unserer Sorgen konzentrieren sich auf zukünftige Ereignisse, die vielleicht nie eintreten werden. Aber unsere ängstlichen Gedanken konzentrieren sich auf ein imaginäres Ergebnis, von dem wir glauben, dass es eines Tages eintreten und alles ruinieren wird. Deine Gedanken können sich auf den finanziellen Ruin, das Ende einer Beziehung oder die Angst, krank zu werden, konzentrieren.

Es gibt eine Wahrheit, die helfen kann, beunruhigende Gedanken zu überwinden: Das Leben ist ein sich veränderndes Gefäß. Du fährst nie von einem Tag auf den anderen in dieselbe Richtung. Du magst dich jetzt wohlfühlen, aber dein Leben - und deine Gedanken - befinden sich in einem ständigen Zustand der Veränderung. Du bemerkst es nicht, wie ein Wasserhahn, der langsam tropft.

Mit der Zeit bewegt sich unser Leben auf ein Ziel zu, das wir nicht so gut kontrollieren können, wie wir es gerne würden. Du hast hier zwei Möglichkeiten. Du kannst lernen, die Veränderung zu akzeptieren. Oder du kannst dich dagegen wehren und Widerstand erzeugen. Wenn du dich über deine Zukunft sorgst, wird sie nicht besser. Aber wenn du dich auf kleine Maßnahmen konzentrierst, die du heute ergreifen kannst, wird sich das langfristig auszahlen.

Lenke deinen geschäftigen Geist mit konzentriertem Denken ab

In unserem Kopf herrscht reges Treiben, wenn es um unsere Gedanken geht. Im Laufe des Tages wirst du Tausende von Gedanken haben, die sich in Sorgen und Unsicherheit verwandeln:

"Was soll ich tun, wenn ...?"

"Was soll das bringen?"

"Ich werde das nie schaffen."

"Alles wäre anders, wenn ich nur ..."

Während Ereignisse eintreten und Informationen aufgenommen werden, bildet dein Verstand logische Meinungen und Ideen und versucht, dem Ganzen einen Sinn zu geben. Du triffst Entscheidungen aus dem Stegreif oder manchmal auch gar nicht. Du kannst dich wie ein Reh fühlen, das vor den entgegenkommenden Scheinwerfern erstarrt und nicht entscheiden kann, ob es rennen, springen oder einfach stehen bleiben soll.

Wenn deine Gedanken durch Sorgen, Ängste, Ungewissheit oder Verwirrung abgelenkt werden, ist das Ergebnis eine schlechte Leistung. Du spürst die Last des Ganzen und den Druck, alles sofort in Ordnung bringen zu müssen.

Wie gehen wir mit Zeiten des mentalen Chaos um? Vielleicht hast du schon alles Mögliche ausprobiert, vom Fernsehen bis hin zu langen Spaziergängen, um deinen aufgewühlten Geist zu beruhigen. Du musst neue Taktiken ausprobieren und entscheiden, was funktioniert. Du wirst auch herausfinden, was nicht funktioniert.

Hier sind vier Gewohnheiten, die du umsetzen kannst, wenn du die Kontrolle über deine Gedanken verlierst. Dein Ziel ist es, deine Handlungen so umzugestalten, dass du die Kontrolle über den Moment hast.

Lies eine Passage aus einem guten Selbsthilfebuch. Ich empfehle diese Strategie, weil sie es dir ermöglicht, dich auf Worte zu konzentrieren, die Sinn machen, und nicht auf die Stimmen der vermeintlichen Vernunft in deinem eigenen Kopf. Lesen ist eine großartige Möglichkeit, sich auf Material zu konzentrieren, das eine positive Wirkung hat und zufällige, chaotische Gedanken in achtsames Handeln verwandeln kann.

Schreibe deine Ziele für die Gegenwart und die Zukunft auf. Wenn du in ein Notizbuch schreibst, hast du die Macht der Kreativität in deinen Händen. Versuche, deine Ziele und die Maßnahmen, die du in dieser Woche für jedes einzelne Ziel ergreifen wirst, aufzuschreiben. Schreibe auf, welchen Wert das Erreichen deiner Ziele hat. Stelle dir vor, dass du bereits erfolgreich bist.

Räume deine Wohnung auf. Ob du es glaubst oder nicht, das Aufräumen deiner Wohnung kann als eine kreative Handlung betrachtet werden. Du entfernst Dinge, die in deiner Wohnung und in deinem Kopf Platz wegnehmen. Die Verbesserung deiner Umgebung kann dir helfen, deine Gedanken zu fokussieren.

Übe 30 Minuten lang konzentriertes Denken. Konzentriertes Denken ist eine Aufgabe, die du jederzeit ausführen kannst, aber du musst deine Gedanken trainieren, damit du weißt, wann du handeln musst. Es ist leicht, sich in der Tyrannei chaotischer Gedanken zu verfangen, die uns in Negativität oder Hilflosigkeit versinken lassen.

Es gibt jedoch Zeiten, in denen wir in einen Gedankentunnel hineingezogen werden, der sich unkontrollierbar anfühlt und in dem wir nichts tun können, egal, was wir versuchen.

In solchen Fällen kannst du die Situation aushalten oder dich zurücklehnen und beobachten, was passiert. Du kannst immer noch meditieren, beruhigende Musik anmachen oder deine Träume und Wünsche aufschreiben. Wir müssen nicht einfach dasitzen und es hinnehmen. Du kannst dich wehren - auch wenn du glaubst, dass du den Kampf verlierst.

Kapitel 3: Sorgengewohnheit reduzieren und mentale Ängste kontrollieren

"Du hast Kräfte, von denen du nie geträumt hast. Du kannst Dinge tun, von denen du nie gedacht hättest, dass du sie tun kannst. Es gibt keine Grenzen für das, was du tun kannst, außer die Grenzen deines eigenen Geistes."

- Darwin P. Kingsley

Wenn du dein eigenes Denken und die Art und Weise, wie dein Geist mit der Welt interagiert, beobachtest, wirst du zum Passagier auf einer wilden Fahrt durch einen Vergnügungspark. Du kannst all den Lärm und das Chaos miterleben, das ein verschmutzter Geist mit sich bringt, der nicht im Moment bleiben will.

Die Menschen haben ständig mit ihren Gedanken zu tun, die sich auf "bekommen", "haben" und "werden" konzentrieren. Du bist darauf fixiert, etwas zu haben oder etwas zu werden.

Wenn die Dinge nicht so laufen wie geplant, schaltet dein Verstand in den Sorgenmodus. Sorgen beruhen immer auf der Angst vor der Zukunft. Besorgniserregende Gedanken sind Gedanken, denen wir die Erlaubnis geben, die Kontrolle über unseren Geisteszustand zu übernehmen. Wir machen uns Sorgen, wenn es uns an Zuversicht oder Vertrauen fehlt.

Wenn Glaube die Überzeugung ist, dass die Dinge funktionieren werden, dann ist Sorge die Überzeugung, dass alles auseinander zu fallen droht. Es wird nicht funktionieren. Du könntest versagen. Dies oder jenes könnte passieren. Dein Verstand beginnt, die schlimmsten Szenarien eines schlechten Ergebnisses durchzuspielen, das dich mit leeren Händen, pleite oder allein zurücklassen wird.

Die Sorge ist ein unterbrochener Kreislauf der Angst. Es ist ein täglicher Kampf mit dem Verstand. Man möchte auf etwas vertrauen, das größer ist als man selbst, aber man kann es nicht. Wie bekämpft man also den Kreislauf der Angst, der durch Sorgen entsteht? Wie hört man auf, sich über zukünftige "Möglichkeiten" zu sorgen und beginnt zu leben?

Du musst dich selbst in den gegenwärtigen Moment zurückbringen. Das beginnt damit, dass du deine Situation und dein Leben in einen positiven Rahmen stellst. Siehst du die Welt als einen beängstigenden, furchterregenden Ort? Hast du Angst, dass du eines Tages aufwachen und obdachlos sein wirst? Glaubst du, dass du nächste Woche deinen Job verlieren wirst?

Nun, all diese Dinge könnten passieren. Das Ausmaß, in dem sie passieren, hängt von dir ab. Die meisten der schlimmsten Dinge, die dir jemals passieren werden, passieren zuerst in deinem Kopf ... und das war's!

Denke an die große Symphonie des Chaos, die ständig in deinem Kopf aufgeführt wird. Aber du, als Dirigent deiner Gedanken, kannst wählen, wie und worüber du denkst. Stelle dir das vor. Du bist der Herr über deine eigenen Gedanken. Erinnere dich an diese Tatsache und nimm dir Zeit, deine Gedanken zu beobachten.

Wir haben immer Ideen, Stimmen und Meinungen, gemischt mit widersprüchlichen Gedanken, die auf Informationen beruhen, von denen wir nicht ganz sicher sind, ob sie richtig sind. Wie kann man das Gute vom Schlechten trennen? Wie vertraut man darauf, was wahr ist und was irreführend? Wie bleibt man achtsam, wenn der Verstand umherschweift, erforscht und sich unerlaubt seine eigene Realität schafft?

Die Strategie, die ich anwende, um die Gedanken herauszufiltern, die ich nicht brauche, ist eine mentale Disziplin, die dich dazu bringt, dich nur auf den gegenwärtigen Moment zu konzentrieren. Da die meisten unserer Gedanken hin- und herspringen und in der einen Minute in der Vergangenheit und in der nächsten in der Gegenwart sein können, funktioniert diese Form der mentalen Konditionierung - auch bekannt als Reframing deines Gedankenportals -, indem sie die Lautstärke lauter, aufdringlicher Gedanken herunterdreht.

Sorge ist die Konditionierung deiner Gedanken auf Angst. Wenn du von ängstlichen Eltern großgezogen wurdest und die meiste Zeit deiner Jugend von ängstlichen Menschen umgeben warst, dann erscheint es dir als die beste Lösung, sich Sorgen zu machen. Auf diese Weise baust du deine Zukunftsängste auf und handelst nicht, weil du Angst vor dem Scheitern hast.

Mache jetzt eine Liste mit drei Bereichen deines Lebens, über die du dir ständig Sorgen machst. Dabei spielt es eine große Rolle, zu wissen, was deine Auslöser sind. Wenn du dann an diese Bereiche denkst, welche Gedanken kommen dir in den Sinn? Häufige Themen sind Gedanken an Knappheit, an den Verlust von etwas Wertvollem, an schnelles Scheitern oder daran, dass es dir peinlich ist, wenn dein Masterplan nicht aufgeht.

Vielleicht hast du ängstliche Gedanken über Geld oder Beziehungen, machst dir Sorgen, deinen Arbeitsplatz zu verlieren oder krank zu werden. Das sind alles berechtigte Sorgen. Aber Sorgen führen automatisch zu geistiger Lähmung, und wenn du keine positiven Maßnahmen ergreifst, tust du am Ende gar nichts. Auf diese Weise bleibt die Sorge in ihrem

Kreislauf und bildet eine Schleife, in der deine Gedanken gefangen sind. Du musst diese Schleife entwirren und die Sorgengewohnheit auflösen.

Du kannst deine Gedanken ermächtigen, indem du deinen Geist mit ermächtigenden Botschaften fütterst. Es funktioniert wie mit dem Körper. Wenn du Mist und Junkfood isst, wirst du dich wie ein Mülleimer fühlen. Mit dem Geist ist es nicht anders. Ängstliche Gedanken erzeugen Angst. Man bekommt nur das aus dem Verstand heraus, was man in ihn hineinsteckt.

Hier erfährst du, wie du die Gewohnheit, sich Sorgen zu machen, sofort loswerden und die Kontrolle über die Auslöser gewinnen kannst, die du auslöst.

Die Sorge ist eine Erfindung

Sorge ist der Glaube an falsche Geschichten, die sich nicht bewahrheitet haben. Du machst dir Sorgen, dass du kein Geld hast, aber es gibt keinen Beweis dafür, dass du immer pleite sein wirst. Vielleicht machst du dir Sorgen um deine Gesundheit und dass du krank werden könntest. Nun, du wirst nicht ewig gesund bleiben, das weißt du. Aber du hast deine Gesundheit heute, nicht wahr? Besorgniserregende Gedanken beruhen auf Zukunftsängsten, wie die meisten Dinge, über die wir uns Sorgen machen.

Die Sorge ist eine andere Form der Angst. Die meisten unserer Ängste schaffen wir selbst. Sie spielen sich in unseren Köpfen ab und übernehmen den gesunden Menschenverstand. Worüber machst du dir im Moment Sorgen? Ist es etwas, das jetzt passiert oder etwas, das später passieren wird?

Das Wunder der Achtsamkeit

Wenn du die Gewohnheit der Sorge nährst, verstärkst du die falschen Geschichten, die wahrscheinlich nie passieren werden.

Füttere von nun an deinen Geist mit den guten Dingen, die er wirklich will. Versuche stattdessen diese Affirmationen:

"Ich mache mir keine Sorgen um morgen, denn heute ist perfekt. Das Hier und Jetzt ist das, was ich habe."

"Ich habe immer Angst, meinen Arbeitsplatz zu verlieren, aber das ist mir noch nie passiert. Ich bin ein guter Mitarbeiter, und das Unternehmen, für das ich arbeite, schätzt seine Mitarbeiter. Warum sollte ich denken, dass es jetzt passieren könnte?"

Breche deine beunruhigenden Gedanken auf und entlarve diese Dämonen als das, was sie sind: Falsche Erfindungen, die selten vorkommen. Sorgen sind eine Gewohnheit, und mit jeder Gewohnheit kann man brechen. Aber du kannst auch deine beunruhigenden Überzeugungen wahr werden lassen. Wenn du glaubst, dass du pleite gehen, deine Gesundheit verlieren oder dich scheiden lassen wirst, dann kannst du diese Sorgen mit dir herumtragen und sie so manifestieren, dass sie wahr werden.

Erinnere dich: **Gedanken haben Macht und können sowohl Gutes als auch Schlechtes anziehen. Wenn du denkst, dass du deinen Job verlieren wirst, erscheinst du vielleicht auf der Arbeit und verhältst dich wie jemand, der es nicht verdient hat, dort zu sein.**

Glaubst du, dass sich dein Ehepartner von dir scheiden lassen wird? Diese Sorge könnte dich paranoid machen. Bald fängst du an, seine oder ihre Aufenthaltsorte zu verfolgen, bis er oder sie dich dabei erwischt, wie du ein GPS-Gerät unter dem Auto versteckst. Während besorgniserregende Gedanken also auf Fantasie beruhen, kannst du deine schlimmsten Albträume manifestieren, indem du an diesen beunruhigenden Gedanken festhältst.

Negatives Denken: Fest verdrahtet für Angst

Positives Denken funktioniert nur, wenn du tatsächlich an die Botschaft glaubst, die du an dein Gehirn sendest.

Es gibt ein paar Dinge, die ich über negatives Denken sagen möchte. Wir neigen dazu, negatives Denken als etwas Schlechtes zu betrachten, etwas, wofür man sich schämen muss. Ich gebe zu, dass positives Denken und Handeln viel besser ist als negatives Handeln. Aber ich bin der Meinung, dass negative Energie genauso wichtig ist wie positive Energie.

Wie kann das sein?

Manchmal muss man durch eine Meile schleimigen Schlamms gehen, um das grüne Gras am anderen Ende zu erreichen. Mit anderen Worten: Negativ zu sein und das damit verbundene Leid zu erfahren, kann eine großartige Motivation sein, sich für eine Veränderung zu entscheiden.

Negatives Denken - oder "ein negativer Lebensstil", wie ich es gerne nenne - ist ein Zeichen dafür, dass in deinem Leben etwas nicht stimmt. Ob du es glaubst oder nicht, manche Menschen scheinen die Aufmerksamkeit zu genießen, die sie durch negatives Denken erhalten.

Wenn du eine NMA (d. h. Negative Mental Attitude = Negative mentale Einstellung) hast und damit unzufrieden bist, musst du dich entscheiden, zu einer positiven Geisteshaltung überzugehen, indem du bewusst handelst, um deinen Schwung in Gang zu bringen.

Einige der größten Erfolgsgeschichten der Welt stammen von Menschen, die durch die Hölle gegangen sind und beschlossen haben, ihr Leben zu ändern. Man kann sich auch die Menschen ansehen, die alles haben und trotzdem unglücklich sind, und das zeigt sich in ihrer Einstellung.

Ich glaube wirklich, dass ein positiver Lebensstil sehr wenig damit zu tun hat, wie viel man besitzt oder wie erfolgreich man ist. Es kommt auf deine Einstellung in jedem Aspekt deines Lebens an. Wenn Geld und Popularität alles wären, was zählt, gäbe es keine Unzufriedenheit mit Menschen, die scheinbar alles haben.

Gedanken und Umstände: Wie du anziehst, was du willst

Wenn du mit deiner gegenwärtigen Situation unzufrieden bist, sei es in deinem Job, in deinen Beziehungen oder in deinem derzeitigen Gemütszustand, gibt es nur eine Möglichkeit, dies zu ändern: Denke anders. Ich weiß, das klingt wie ein offensichtlicher Rat, aber es gibt einen Grund dafür.

Weißt du, was passiert, wenn du anders denkst? Die Dinge im Außen beginnen sich zu verändern. Deine Situation kann sich nur ändern, wenn du es tust. Hier ist der Grund dafür.

Deine äußere Welt wird immer deine innere Welt widerspiegeln. Dein Erfolg oder Misserfolg basiert auf dem Erfolg oder Misserfolg, der sich in deinem Inneren abspielt. Programmiere deine Gedanken erfolgreich auf positive Erfahrungen, dann wird das auch geschehen.

Es ist bekannt, dass Menschen den Verlauf ihres Lebens ändern können, indem sie ihre Einstellung ändern. Kannst du dir vorstellen, wo du stehen würdest, wenn du alles, was du hast, auf das Denken mit einer positiven Einstellung konzentrieren würdest? Das soll nicht heißen, dass Denken allein dich verändern wird, aber ohne Denken können wir keine positiven Handlungen folgen lassen.

Was genau sind positive Maßnahmen? Einige Beispiele sind: anderen Menschen helfen, auf Ziele hinarbeiten, die einen aus der Sackgasse führen, die eigenen Bemühungen rationalisieren, um das Leben für sich selbst und die Menschen um einen herum lebenswert zu machen.

Die Umstände dieses Lebens haben keinen Einfluss auf dich. Wir können uns unsere Umstände zwar nicht immer aussuchen, aber wir können wählen, wie wir sie sehen. Tatsache ist, dass schlimme Dinge passieren. Das Leben verläuft nicht nach Plan, und es macht nicht immer Spaß - ganz gleich, wer du bist oder wie positiv deine Gedanken sein mögen. Aber du kannst dich selbst trainieren, damit so gut wie möglich umzugehen.

Kapitel 4: Die Auswirkungen von schlechten Denken und das Schaffen von Seelenfrieden

"Die Entscheidung, positiv zu sein und eine dankbare Einstellung zu haben, wird bestimmen, wie du dein Leben leben wirst."

- Joel Osteen

Es ist kein Geheimnis, dass negative Gedanken die Qualität deiner Kreativität beeinträchtigen können. Was der Kreativität wirklich schadet, ist, wenn wir an unseren Ressentiments festhalten. Wenn wir uns über Menschen ärgern, die wir nicht mögen - sogar über unsere Feinde -, verursacht das eine Menge Stress.

Wenn du an deinem Hass festhältst oder ihn erzeugst, indem du dich auf jemanden konzentrierst, den du nicht magst, frisst er dich auf. Wenn du dich das nächste Mal darauf konzentrierst, jemanden nicht zu mögen, überprüfe deine Gefühle. Wie fühlst du dich? Wie verändert sich deine Atmung? Dein Atem fühlt sich schnell, ängstlich und furchtsam an. Das ist Wut. Das verursacht Leiden.

Dein Leben ist das, was du durch die Grundlage deines Denkens daraus machst. Wenn du dich von Gedanken des Mangels und des Verlustes ernährst, wirst du genau das erleben. Wenn du dich von Fülle und Reichtum leiten lässt, wirst du diese Erfahrung machen. Vor Jahren entdeckte ich, dass mein Leben nicht ein

Opfer der Umstände ist, wie ich einst glaubte. Es wird nicht von einem zufälligen Flaschengeist erschaffen.

Dein Leben wird von dir und nur von dir gestaltet. Es gibt viele Umstände, auf die du keinen Einfluss hast, aber du musst dich nicht um die Dinge sorgen, die du nicht kontrollieren kannst. Verbringe keinen weiteren Moment damit, über Menschen, Ereignisse oder Szenarien nachzudenken, die nichts mit dir zu tun haben. Versuche nicht, sie zu ändern. Sei stattdessen ein Beobachter. Schau dir an, wie sich das Leben manifestiert, und betrachte die so genannten "glücklichen" Menschen, die Erfolg haben, wo andere scheitern.

Wie oft zeigst du mit dem Finger auf andere und machst sie für dein Leid verantwortlich? Wie oft am Tag wünschst du dir, andere würden sich zusammenreißen und aufhören, so dumme Fehler zu machen? Ich weiß, was diese Art des Denkens mit den Menschen macht. Es packt alles in ein sehr kleines Kästchen.

Wenn andere Menschen - oder die Umstände - unsere Erwartungen nicht erfüllen oder hinter ihnen zurückbleiben, fangen wir an zu urteilen und denken vielleicht negativ über diese Person, indem wir sie mit Etiketten und Namen versehen. Ja, wir alle waren schon einmal in einem Café, haben uns mit Freunden getroffen und uns abwechselnd über die Dummheit des Tages beschwert. Und während wir das tun, beschwert sich jemand anderes über uns und unsere Unzulänglichkeiten.

Du bist nicht immun gegen die Klagen der Welt, und so wie du das Reich eines anderen niederreißt, wirst du überrumpelt, wenn das Gleiche gegen dich geschieht.

Es funktioniert in beide Richtungen. Es gibt nur einen Weg, ihn zu stoppen.

Mach dem ein Ende.

Wenn du das Bedürfnis hast, dich zu beschweren, tritt einen Schritt zurück und überlege, wer, was und warum. Auf wen bist du wütend? Warum bist du wütend auf sie? Was könntest du tun, um die Erfahrung positiver zu gestalten? Vielleicht bist du es leid, auf jeder Seite das Wort "positiv" zu hören, aber du betrachtest etwas entweder mit einem positiven Blick oder mit einem negativen Blick (Urteile, Etiketten, Verleumdungen).

Eine Möglichkeit ist der einfache Weg: Jeder kann sich beschweren und meckern, und die meisten tun es auch. Der andere Weg ist der weniger begangene, und nur wenige Menschen gehen ihn, weil es viel Anstrengung erfordert, sich umzugewöhnen, sein Denken neu auszurichten und auf eine völlig andere Art zu handeln.

Hast du Freude am Leiden? Gefällt es dir, andere leiden zu sehen? Würdest du jemandem helfen, seine Dummheit zu überwinden, wenn du könntest? Wenn du das tätest, würdest du ihn dann als einen völlig anderen Menschen sehen? Ich weiß, dass ich das tue. Zumindest tue ich das jetzt, aber das war nicht immer der Fall.

Ich habe Jahre damit verbracht, über den Fehlern und Mängeln anderer zu brüten und meine eigenen nur selten zu sehen. Und indem ich sie beurteilte und mit einem Etikett versah, konnte ich meine eigene Unsicherheit beruhigen. Aber das war ein falsches Gefühl der Sicherheit. Wirklich glücklich war ich erst, als ich aufhörte, von anderen zu erwarten, dass sie etwas sind, was sie nicht sind. An dem Tag, an dem ich das erkannte, änderte sich alles.

Alles.

Es war, als hätte ich eine Brille getragen, die meine Sicht immer getrübt hat, und eines Tages habe ich sie gegen eine bessere ausgetauscht. Ich hatte mich neu orientiert, nicht nur in meinen Gedanken, sondern auch in meiner Denkweise.

Wenn man erwartet, dass sich die Welt auf eine bestimmte Art und Weise verhält und dies nicht der Fall ist, gerät man in Stress. Das führt zum Beginn eines fehlerhaften Gedankens, und von da an beginnt eine Abwärtsspirale. Wie die Glieder einer Kette führt ein negativer Gedanke über etwas oder jemanden zum nächsten.

Indem ich mich dafür entscheide, immer mit meinem Geist präsent zu sein, kann ich mich viel schneller wieder in ein Gleichgewicht bringen als zuvor. Ich habe weniger Tage, die ich durchleiden muss, und mehr, die ich genießen kann. Aber es beginnt hier. Du kannst den größten Teil deines mentalen Stresses und deiner Schmerzen hier und heute beenden, wenn du dich wirklich dafür einsetzt.

Zu schön, um wahr zu sein? Die andere Möglichkeit ist, deinen Verstand auf Autopilot zu schalten. Lass ihn tun, was er tut, und du wirst mehr von den gleichen Ergebnissen erhalten. Ich gehe davon aus, dass du nicht die Person sein willst, die den Ruf eines anderen herabwürdigt, schlecht über ihn redet, wenn er nicht da ist, oder ihm Leid wünscht, weil du der Meinung bist, dass er es verdient. Sei vorsichtig, was du dir wünschst.

Das Pendel schwingt in beide Richtungen, und was du austeilst, wird in größerem Maße zu dir zurückkommen. Stell dir vor, was es bedeuten würde, wenn du Liebe, Ermutigung oder Lösungen für Probleme statt Ausreden verteilen würdest. Stell dir das Leben vor, das du für dich und andere schaffen würdest, wenn du deine Gedanken darauf richten würdest, anderen zu helfen.

Wie wäre es, wenn du dich denjenigen, die es brauchen, freiwillig zur Verfügung stellen würdest, ohne eine Gegenleistung zu erwarten?

Dies ist eine weitere große Lektion, die ich gelernt habe. Ich bin noch dabei, sie zu lernen, aber bevor ich es wusste, war ich von "mir" eingenommen und konzentrierte meine Gedanken auf nichts anderes als auf mich. Aber weißt du, das "Ich" ist eine einsame Figur. "Ich" will die Welt ganz für mich allein haben. "Ich" ist ein Ego, das schon viel zu lange seinen Willen durchgesetzt hat. Also sagte ich dem "Ich", es solle sich zurückhalten. Es hatte in diesem Leben schon genug zu essen bekommen.

Und so begann der Weg der Heilung. Ich lernte, mich einzufühlen und ein tieferes Mitgefühl zu entwickeln. Ich trainierte meinen Verstand, diese Gefühle anzuzapfen und tief über die Hindernisse nachzudenken, mit denen die Menschen konfrontiert waren. Ich konnte mich mit ihrer Notlage identifizieren und versuchen, eine Lösung zu finden.

Wir müssen zu dem Schluss kommen, dass es Wege gibt, das Leiden zu lindern, nicht nur unser eigenes, sondern auch das der anderen. Ich will damit nicht sagen, dass du aufstehen und Gandhi, Dr. Martin Luther King Jr. oder Mutter Teresa werden musst. Denke einfach daran: Jeder ist anders und tut das Beste, was er kann. Sie verhalten sich nicht so, wie wir es von ihnen erwarten, sondern nur so, wie sie es können. Du kannst an deiner Toleranz arbeiten, indem du dich intensiv mit anderen Menschen beschäftigst. Mach dir keine Gedanken darüber, was sie von dir denken.

Konzentriere dich auf die positiven Eigenschaften und Stärken jedes Menschen, dem du begegnest. Sei bereit zu helfen, wenn jemand Hilfe braucht, oder biete einen klugen Rat an, wenn jemand mit den vielen Problemen des Lebens zu kämpfen hat.

Falsches Denken beginnt wie ein kleiner Wassertropfen, breitet sich aber bald zu einer ungeheuren Welle aus. Das kann zu Depressionen, sozialen Ängsten und schlechter Laune führen, die sich von einer Person zur anderen überträgt. Deine schlechte Laune gehört nicht nur dir, wenn du sie mit anderen teilst. Du wirst sie entweder weitergeben oder andere dazu bringen, vor dir zu fliehen. Der einzige Bereich in meinem Leben, den ich anpassen musste, war meine Stimmung. Der Teufelskreis der negativen Selbstzerstörung war meine größte Belastung.

Es fing immer morgens an, wenn die Kinder sich für die Schule fertig machten. Sie wollten nicht gehen und fingen an, herumzuspielen. Ich hatte keine Zeit, aber ich musste sie fertig machen. Meine Frau schrie: "Warum sind sie nicht fertig?" Ich verlor die Beherrschung, und es wurde immer schlimmer.

An diesem Punkt müsste ich normalerweise weggehen und die Kinder ihre Ruhe haben lassen. Aber schlechte Laune ist gefährlich. Du neigst dazu, negative Energie aus deinem Inneren zu kanalisieren und sie auf andere zu projizieren. Es beginnt mit einem schlechten Gemütszustand, der sich auf die Erwartungen konzentriert ... wieder.

Ich erwarte, dass die Kinder immer zuhören und gehorchen.

Die Realität ist, dass sie das nicht tun.

Ich erwarte, dass meine Kollegin darum bittet, meinen Computer benutzen zu dürfen, anstatt sich einfach selbst zu bedienen.

In Wirklichkeit macht sie das mit den meisten Menschen; sie hat offensichtlich kein Problem damit.

Ich erwarte, dass der Verkehr viel schneller fließen wird als sonst.

In Wirklichkeit ist das Wetter schlecht, es ist Freitag, und es ist ein Unfall vor uns passiert.

Die Erwartungen sind unrealistisch. Lass sie eine Woche, einen Tag oder eine Stunde lang los. Konzentriere dich auf die nächsten 10 Minuten, wenn du kannst! Als ich das gelernt habe, hat sich mein Stresspegel halbiert. Wenn dein Verstand sich weigert, die Situation so zu akzeptieren, wie sie ist, wirst du eine Menge mentalen Stress erleben.

Eine der besten Beobachtungen, die ich gemacht habe, ist die Erkenntnis, dass meine Gedanken nicht unbedingt immer ehrlich sind. Sie sind trügerisch und können meinen Verstand so manipulieren, dass ich alles für wahr halte. Wenn ich zum Beispiel jemanden für etwas kritisiere, was er getan hat, oder sein Verhalten oder seine Persönlichkeit bewerte, bin ich überzeugt, dass mein eigenes Urteil richtig ist. Ich stelle es selten infrage.

Wie könnte ich mich irren, wenn mein Verstand und meine Gedanken mich davon überzeugt haben, dass ich Recht habe und sie falsch liegen? Dies ist die Illusion der Realität, die den meisten Menschen entgeht. Wir sind in die Falle getappt, zu denken, dass unsere eigenen Gedanken alles sind, was zählt.

Wenn du das nächste Mal mit dem Finger auf eine andere Person zeigst und sie kritisierst, solltest du dich in Empathie üben. Das ist die Fähigkeit, andere Menschen aus der Sicht eines Beobachters zu verstehen und zu erkennen.

Wichtigste Erkenntnisse

Inzwischen solltest du eine gute Vorstellung davon haben, wie du deine Gedanken in wirksame Energieströme lenken kannst, die in kreative Werkzeuge umgewandelt werden. Dann kannst du dein Denken kanalisieren, um eine positivere Einstellung zu schaffen.

Kannst du dir vorstellen, wie anders du dich fühlen, handeln und sein könntest, wenn du wüsstest, wie du deine Gedanken in eine kreative Kraft umwandeln kannst? Was könntest du tun, wenn du mehr Kontrolle über deine Gedanken hättest? Würdest du weniger Angst haben? Würdest du all die Dinge tun, die du schon immer mal ausprobieren wolltest? Würdest du diesen neuen Job annehmen? Verwandle deine Gedanken in eine Kraft, die du beherrschen kannst, anstatt von ihnen beherrscht zu werden.

Deine Gedanken können umgestaltet werden; sie brauchen nur deine Anleitung und Führung. Verpflichte dich, gutes Denken zu beherrschen, und du wirst dir nie wieder Sorgen machen müssen, dich ängstlich zu fühlen oder deinen ängstlichen Gedanken nachzuhängen. Denn jede Angst hängt direkt mit dem Gedanken zusammen, der ihr vorausgegangen ist. Trainiere deinen Geist, in der Gegenwart zu bleiben. Wähle deine Gedanken, indem du die Umstände kennst, die du dir wünschst.

Füttere deine positiven Gedanken, damit sie wachsen und deine Seele nähren. Negatives Denken hat keine Zukunft. Es ist ein dunkler Tunnel, gegen den wir ständig ankämpfen und den wir nicht zu betreten brauchen. Du hast die Mittel, dich zu befreien. Du kannst Entscheidungen treffen, die auf dem beruhen, was dein Herz begehrt, und nicht auf dem, was dein Verstand befürchtet.

Die Frage ist, ob du bereit bist, deinen Verstand zu beherrschen und zu größeren Dingen aufzubrechen.

TEIL II:
Die Kraft einer

positiven Einstellung

Kapitel 5: Eine positive mentale Einstellung entwickeln

"Es ist nicht die Situation, die wichtig ist, sondern ob wir negativ oder positiv auf die Situation reagieren".

- Zig Ziglar

Möchtest du ein absolut positiver Mensch sein, der Erfolg anzieht? Unzerbrechliche Beziehungen zu Menschen auf der ganzen Welt aufbauen? Oder einen Strom positiver Energie erzeugen, der Tausende dazu bringt, ihr Leben selbst in die Hand zu nehmen?

Wenn ja, dann ist eine positive Einstellung dein Hauptschlüssel, um alle Menschen zu dir zu ziehen und das Leben aufzubauen, von dem du immer geträumt hast. Es ist dein positiver Enthusiasmus, der neue Türen öffnet und die Möglichkeiten schafft, die du dir am meisten wünschst.

Wenn du die Kontrolle über deine Gedanken hast, kannst du deine Denkweise beherrschen und sie in einen Trichter positiver Energie verwandeln, der jeden Tag zu einem Wunder macht. Stelle dir vor, du wachst morgens auf und alles, was du spürst, ist diese Energie, das Leben zu lieben und die Freude am Leben zu umarmen. So zu leben ist kein Glück oder von den Umständen abhängig.

Es ist eine Entscheidung.

Die andere Entscheidung, die manche Menschen leider treffen, ist die, eine negative Einstellung zu haben. Diese Menschen konzentrieren sich auf Ressentiments, beschweren sich über

Lebenssituationen, in denen sie feststecken, und verbringen Zeit damit, über Menschen nachzudenken, die sie nicht mögen.

Eine negative Einstellung zu entwickeln ist wie Gift zu trinken. Du schadest nicht nur dir selbst, sondern wirkst dich auch negativ auf die Menschen in deiner Umgebung aus und erzeugst Unzufriedenheit, Ärger und Angst. Anstatt Menschen in einer warmen Umarmung zu dir zu ziehen, stößt du andere ab. Die einzigen Menschen, die du anziehst, sind andere negative Denker. Dein Leben wird zu einer lebenden Hölle auf Erden, und Leiden ist dein Schicksal.

Wenn du dein Denken nicht beherrschst und es zulässt, dass du das negative Monster fütterst, wird dein Leben von Leiden geprägt sein.

Ein positiv eingestellter Mensch kann alles im Leben haben, was er sich wünscht. Und noch besser: Er kann alles an jeden weitergeben, der es möchte. Positive Menschen erzeugen Liebe, Wärme und Freundlichkeit. Die Menschen freuen sich immer, dich zu sehen und wollen Zeit mit dir verbringen. Deine Tage sind ein Segen und die Zeit wird geschätzt, weil du für die Freiheit lebst, die deine Gedanken schaffen.

Die Entscheidung, diese positive Einstellung zu entwickeln und zu vermitteln, scheint naheliegend zu sein. Denn wer will schon den Weg eines negativen Beeinflussers einschlagen? Doch es ist leicht, in die Falle zu tappen, eine negative Einstellung zu entwickeln. Wenn man nicht aufpasst, kann sie sich ohne Vorwarnung anschleichen. Deshalb musst du immer eine positive, aufgeschlossene Person mit einer starken, positiven Denkweise sein.

Es kostet Arbeit, Arbeit und noch mehr Arbeit, diese Einstellung aufrechtzuerhalten. Und warum ist das so? Weil wir in einer Welt voller mächtiger negativer Einflussfaktoren leben. Um dies zu bekämpfen, musst du dein Arsenal an positivem Denken aufbauen. Du musst entschlossen sein, nicht dem dunklen Pfad zu folgen.

Warum ist eine positive Einstellung wichtig?

Eine positive Einstellung ist eine echte Kraft, die einen Unterschied macht. Indem du deine geistige Energie in eine positive Einstellung projizierst, erzeugst du die Gedanken, um die richtigen Maßnahmen zu ergreifen. Was sind die richtigen Handlungen? Es sind Handlungen, die dir ein positives Ergebnis auf die oben gestellten Fragen bringen. Deine positive Einstellung zieht die Menschen an, die du in deinem Leben brauchst, und zwar zum günstigsten Zeitpunkt, um gemeinsam auf ein lohnendes Ziel hinzuarbeiten.

Eine positive Einstellung ist eine kreative Kraft voller natürlicher Energie, die in die Welt hinausgeschickt wird. Was du zurückbekommst, ist das Ergebnis deines positiven Denkens. Wenn du deine Gedanken ermächtigen willst, ist eine positive Einstellung das Herzstück dieser Reise.

Eine positive Denkweise hat viele Vorteile:

1. Du ziehst die richtigen Menschen und Umstände an, die dir zum Erfolg verhelfen;
2. Du bewahrst einen friedlichen Geist, der sich durch Achtsamkeit auf den gegenwärtigen Moment konzentriert;
3. Du wirst finanziell wohlhabend;
4. Deine selbst auferlegten Einschränkungen werden aufgehoben;
5. Du erlebst weniger Stress und mehr Kontrolle über deine Reaktionen;
6. Du lebst ein starkes soziales Leben, das dich mit tollen Menschen verbindet;
7. Du siehst alles als möglich an, damit du weniger Angst vor neuen Herausforderungen hast;
8. Du gewinnst einen positiven Ausblick auf die Zukunft und

9. lachst mehr, treibst regelmäßig Sport, isst besser und lebst länger.

Die Kosten einer positiven Einstellung sind für dein Leben Millionen wert. Ich spreche hier nicht nur von Geld. Sie ist Millionen von Freunden, Millionen von Möglichkeiten und Millionen von guten Erinnerungen wert.

Wenn deine Einstellung hauptsächlich negativ ist oder wenn es einen Bereich in deinem Leben gibt, der unter einem negativen Trauma leidet, kann ich dir mit den Strategien helfen, die dir helfen, es zu überwinden. Ich weiß, wie es ist, eine negative Einstellung zu haben und sich hilflos zu fühlen, etwas dagegen zu tun. Aber du bist nicht hilflos.

Wenn du das Scheitern als deine einzige Option akzeptierst, bereitest du dich selbst auf weitere Misserfolge vor. Du ziehst die Umstände an, die dir die Erfahrungen in deinem Leben bescheren. Wirst du ein Leben voller Freude, Liebe, Abenteuer und Wohlbefinden führen? Oder wird dein Leben von Wut, ständigem Jammern und Negativität erfüllt sein und dich zu zahlreichen Misserfolgen ohne Fortschritt führen?

Eine negative Denkweise ist der Grund für all deine Misserfolge. Wenn deine Denkweise in einem negativen Fluss gefangen ist, wirst du hinter jeder Ecke Elend finden. Nichts ist gut genug. Alles hat keinen Sinn, weil du von dir und anderen nur Misserfolge erwarten kannst. Du gibst deine negative Einstellung an diejenigen weiter, die dir am nächsten stehen, und beraubst sie eines besseren Lebens.

Wer in einer negativen Einstellung gefangen ist, macht sich selbst das Leben schwer. Die Nachteile einer negativen Einstellung sind:

1. Dir fehlt der Einfallsreichtum;
2. Du hast eine schlechte geistige und körperliche Gesundheit;
3. Du hast ein hohes Stressniveau und neigst zu Depressionen;

4. Du hast "Freunde", die deine Beschwerden und deine negative Lebenseinstellung unterstützen (d. h. "Gleiches zieht Gleiches an");
5. Du pflegst eine Opferrolle (z. B. "Warum passiert das immer mir?");
6. Du bist deinem eigenen Ego unterworfen, das von Egozentrik angetrieben wird;
7. Du wirst von Gedanken übermäßiger Sorge geplagt; und
8. Du schränkst dein Handeln ein, damit es in die Grenzen einer "kleinen Blase" passt.

Es ist in deinem besten Interesse, die Energie deiner Gedanken zu nutzen, indem du die positive Einstellung eines kreativen Denkers entwickelst. Wie wir im vorherigen Abschnitt gelernt haben, sind deine Gedanken keine wilden Tiere, die frei herumlaufen. Du kannst sie fesseln und trainieren.

Wenn dein Geist in der Negativität feststeckt, liegt das daran, dass du deinen Geist darauf trainiert hast, so zu denken. Jetzt kannst du auch deine Gedanken umgestalten. Dein Geist ist wie Knete. Du kannst ihn zu einer Quelle der Kraft formen, die deiner Mission dient.

Alles, was du in deinem Leben erreicht hast, hängt davon ab, ob deine Einstellung positiv oder negativ ist. Alles, was du hast, hängt von deiner Einstellung gegenüber den Umständen ab, die dein Umfeld bestimmen. Alle Ereignisse, die du erlebt hast, die Menschen, mit denen du zu tun hattest, und die Arbeit, die du getan hast, sind ein direktes Ergebnis von ...

deiner Einstellung.

Eine positive mentale Einstellung erzeugt positive Energie, die kreativ ist und zur Qualität deines Lebensstils beiträgt. Sie hat eine tiefgreifende Wirkung auf alle Menschen um dich herum. Eine positive Einstellung schafft die Voraussetzungen für all deine zukünftigen Erfolge.

Wenn du dich auf die Elemente deines Lebens konzentrierst, die wirklich wichtig sind, erzeugst du die positiven Gedanken und die Energie, die alle Elemente anziehen, die du für ein erfolgreiches Leben brauchst.

Wenn du dich darauf konzentrierst, anderen zu helfen, wird es dir nie an Freundschaften oder starken Bündnissen mangeln. Indem du deine positive Einstellung freiwillig und nicht standardmäßig an den Tag legst, hast du die vollständige Kontrolle über die Art und Weise, wie du die Welt siehst. Eine positive Einstellung führt zu mehr Erfolg bei der Arbeit, in der Familie und in Beziehungen.

Die Wahl liegt bei dir: Du kannst dein Leben mit einer positiven oder negativen Denkweise gestalten. Du kannst glücklich und erfolgreich sein, oder du kannst voller Negativität und Selbstbezogenheit sein und bei den meisten Dingen scheitern, ohne es überhaupt zu versuchen.

Wenn du die Verantwortung für deinen gegenwärtigen Zustand nicht übernimmst, bereitest du dich auf künftiges Leid vor. Wenn du dich auf ängstliche Gedanken, Ressentiments und Negativität konzentrierst, wirst du die gleichen Dinge in dein Leben ziehen. Du wirst ganz natürlich zu einem Magneten für Menschen und Ereignisse, die die gleichen negativen Eigenschaften haben.

Ich sehe Menschen, die Schmerzen haben, entweder emotional oder geistig, und meistens liegt es daran, dass sie eine schlechte Einstellung und eine Mentalität haben, die auf Knappheit ausgerichtet ist. Das erzeugt Furcht, Angst und ein Gefühl von Hilflosigkeit und mangelnder Kontrolle.

Aber das muss nicht so sein.

Wir können das heute ändern.

Du hast immer die volle Kontrolle über deine Denkweise. Wir erschaffen nicht immer die Situationen, die uns belasten, aber wir können wählen, was wir mit ihnen anfangen und wie wir darauf reagieren. Das macht den Unterschied aus, wenn es darum geht, ernsthafte Veränderungen in unserem Leben vorzunehmen. Wenn du die Verantwortung für deinen geistigen Zustand übernimmst, bist du nicht länger ein Opfer der Umstände. Du kannst die Umstände selbst gestalten - unabhängig von der Einstellung anderer Menschen.

Nachdem ich mir jahrelang einen negativen Zustand geschaffen hatte, lernte ich, dass ich jeden Umstand erschaffen und verändern kann, indem ich meine Gedanken ändere. Als ich das herausfand, wurde ich glücklicher und entdeckte eine Freiheit, die ich nie zuvor hatte. Ich lernte, mich selbst wieder zu mögen, und dann lernte ich, andere zu lieben. Aber es war nicht die Situation, die sich änderte, sondern die Art, wie ich sie sah.

Auch du kannst deine Denkweise ändern und bessere Menschen und Situationen in dein Leben ziehen. Wenn du dich darauf konzentrierst, deinem Leben einen Mehrwert zu verleihen, indem du ein positiver Mensch bist, kannst du nur gewinnen. Du wirst mehr Freunde haben, mehr Möglichkeiten, und einen gesünderen Seelenfrieden. Du hast immer die Macht zu wählen. Wenn du auf das Recht zu wählen verzichtest, werden dir die Entscheidungen aufgezwungen.

Wenn du dich auf positive Gedanken konzentrierst und ihnen ebenso kraftvolle Taten folgen lässt, wird sich deine Einstellung ändern. Die Konzentration auf den Aufbau einer positiven Einstellung ist das Erste, was du tun musst, bevor du etwas anderes tust. Sie ist das felsenfeste Fundament für die Schaffung eines hochwertigen Lebensstils.

Als ich aufhörte, allen anderen die Schuld für meine Probleme zu geben, die Verantwortung für mein Leben übernahm und positives Denken in die Gleichung einbrachte, begannen gute Dinge zu geschehen.

Wenn du die Entwicklung deiner Denkweise in den Vordergrund deines Lebens stellst, hast du deine Zukunft auf mehr Arten unter Kontrolle, als du dir vorstellen kannst. Und wie du im nächsten Abschnitt sehen wirst, wird dies den Weg für großartige Ideen freimachen, die möglicherweise dein Leben verändern werden.

Kapitel 6: Die Eigenschaften einer positiven Denkweise

"Positives Denken ist ein wertvolles Werkzeug, das dir helfen kann, Hindernisse zu überwinden, mit Schmerzen umzugehen und neue Ziele zu erreichen."

- Amy Morin

Die Entwicklung einer positiven mentalen Einstellung (PMA) ist entscheidend für die Beherrschung deiner Gedanken. Sie ist das größte Kapital, in das du investieren kannst.

Deine Entscheidungen, Emotionen und der Erfolg, den du erzielst, hängen in hohem Maße von deiner Einstellung zu den Ereignissen und Menschen ab, die deine Gedanken beeinflussen. Nichts, woran du arbeitest, wird dir den Wert geben, den eine positive geistige Einstellung dir geben kann.

Optimistisch in die Zukunft blicken

Optimismus ist ein starker Motivator. Optimistische Menschen konzentrieren sich darauf, die Zukunft so positiv wie möglich zu gestalten. Sie halten sich nicht mit vergangenen Ereignissen auf, die vorbei sind und nicht geändert werden können. Sie gehen weiter und entwickeln sich weiter.

Optimistische Menschen sprechen über all die großartigen Dinge, die sie tun werden, und mit wem sie es tun werden. Wie steht es mit dir? Wie groß ist dein Optimismus?

Wenn du die Haltung eines optimistischen Menschen einnehmen möchtest, sage Nein zu den Gedanken, die dich möglicherweise zurückhalten könnten; Gedanken der Sorge, der Angst und der Selbstzerstörung werden nicht mehr in Betracht gezogen. Optimismus erzeugt seine eigene positive Kraft. Du brauchst keine Hilfe von außen, um die Rolle des optimistischen Abenteurers zu übernehmen. Die Welt gehört dir, wenn du keine Angst hast, aufzustehen und sie zu erobern.

Klarheit der Lebensaufgabe/Glaube an die Reise

Klarheit in deinem Leben bedeutet ein tieferes Wissen darüber, was du willst, und die Bereitschaft, alles zu tun, was nötig ist, um es zu bekommen. Du sagst der Welt: "Ich bin bereit, alles zu akzeptieren, was du hast – gut oder schlecht. Bringt es her." Der Weg dieser Reise ist nicht ohne Herausforderungen. Es wird gute und schlechte Zeiten geben, Misserfolge und Erfolge, Gewinne und Verluste. Aber wenn du dir darüber im Klaren bist, warum du tust, was du tust, und wenn du dich auf den Weg konzentrierst, den du gewählt hast, ist das Ergebnis nicht wichtig.

Du kannst nur kontrollieren, was du kontrollieren kannst, und in den meisten Lebenssituationen bedeutet das sehr wenig außerhalb deiner selbst. Halte dich an deine Lebensaufgabe, und wenn du nicht sicher bist, was das ist, tue, was du in deinem Herzen für richtig hältst.

Warte nicht darauf, dass jemand anderes kommt und dir beibringt, wie man es macht. Mache dir klar, was du zu tun hast, indem du die Maßnahmen und Ziele festlegst, die du brauchst, um diese Sache zu erledigen.

Entwickle positive Gewohnheiten, die deine positive Einstellung verstärken

Wenn es darum geht, in irgendetwas erfolgreich zu sein, wirst du immer feststellen, dass die Gewohnheiten einer Person der Kern ihres Erfolgs sind. Aber nicht nur irgendwelche Gewohnheiten. Du brauchst ein System von positiven Gewohnheiten, die dich unterstützen und dir helfen, deine Ziele zu erreichen.

Zum Beispiel:

- Früh aufzustehen und 30 Minuten lang Sport zu treiben, ist eine gute Angewohnheit. Es bringt dich in Form und gibt dir ein gutes Gefühl.
- Um ein Buch zu schreiben, muss man sich hinsetzen und eine bestimmte Anzahl von Wörtern über eine bestimmte Anzahl von Tagen schreiben, bis das Buch fertig ist.
- Beim Training für einen vollen Marathon geht es darum, sich auf die Geschwindigkeit einzustellen und den Marathon zu beenden, der etwa 26,2 Meilen (43 Kilometer) lang ist.

Dies sind Gewohnheiten, nach denen du jeden Tag handelst. Wenn du deinen Geist erweckst, um nach deinen Gedanken zu handeln, kannst du alles tun. Das stärkt auch deine positive Einstellung. Du wirst dich gut fühlen, wenn du früh aufstehst und trainierst!

Sprich weiter über deine Ziele

Wenn du ein Ziel hast, das dich morgens aufstehen lässt und dich anspornt, fühlst du dich in deinem Leben wohl. Wusstest du, dass die meisten Menschen, die herumlaufen, keine Ziele haben? Wenn du kein Ziel hast, nach dem du strebst, wirkt sich das auf deine Einstellung aus. Du neigst eher zu Launenhaftigkeit, negativem Denken und reagierst auf die Umstände, anstatt sie zu gestalten.

Wenn du dir noch nicht die Zeit genommen hast, dein Leben für die nächsten fünf Jahre zu gestalten, dann tu es jetzt. Wenn du bereits weißt, was du willst, dich aber aus Angst vor dem Scheitern zurückhältst, ist es jetzt an der Zeit, diese Angst zu überwinden und an dem zu arbeiten, was du wirklich willst.

Niemand wird auftauchen und dir dein Leben einfach überlassen. Du musst die Hand ausstrecken und sie ergreifen.

Wenn du weißt, was du willst, solltest du darüber reden. Sage es allen. Willst du die Welt bereisen und Orte sehen, von denen du nur geträumt hast? Sprich darüber. Die Leute werden dir vielleicht zunächst nicht glauben, aber wenn du allen davon erzählst, werden diese Ziele in Flammen aufgehen. Es formt deine Denkweise zu einem Trichter des Handelns.

Es festigt deine positive Einstellung, indem es dich energiegeladener und konzentrierter auf zukünftige Ereignisse macht. Du wirst keine Zeit haben, in der Vergangenheit zu schwelgen und dich in altem Ballast zu verfangen, weil du zu sehr auf die Gestaltung deiner Zukunft konzentriert sein wirst. Dein Selbstvertrauen wird auf ein ganz neues Niveau steigen, und du wirst überall positive Energie ausstrahlen, wo du hingehst.

Übernimm die Verantwortung für dein Leben (und alles, was darin geschieht)

Die Übernahme von Verantwortung für das eigene Leben ist ein großer Fortschritt. Doch wenn etwas schief läuft oder wir vom Verhalten eines anderen enttäuscht sind, greifen wir sofort zu Schuldzuweisungen und Kritik. Unsere Gedanken kehren zu alten Denkweisen zurück.

Erinnere dich an deine Schulzeit, als etwas schief ging und der Lehrer die Klasse fragte: "Okay, wer hat es getan?" Wenn ich es gewesen wäre, hätte ich nicht sofort die Hand gehoben. Wer wollte schon bestraft werden? Aber wenn wir keine Verantwortung übernehmen, lassen wir unseren Geist für das Leiden offen.

Sich zu beschweren ist das erste Zeichen dafür, dass du jede Verantwortung für die Verbesserung der Situation aufgegeben hast. Sobald du diesen Weg eingeschlagen hast, erfindest du alle Gründe, warum du hilflos bist.

Du wirst nicht in der Lage sein, dich in einen positiven Zustand zu versetzen, wenn du dich darauf konzentrierst, Ressentiments oder schlechte Gefühle gegenüber anderen Menschen aufzubauen. Das bedeutet nicht, dass du das Verhalten eines anderen als in Ordnung akzeptieren musst. Aber du musst die Verantwortung für deine eigene Einstellung dazu übernehmen.

Menschen, die Verantwortung übernehmen, haben ihr Schicksal selbst in der Hand. Sie werden durch die Entscheidungen, die sie treffen, gestärkt. Wir können nicht kontrollieren, was uns angetan wird, aber wir können unsere Reaktion darauf kontrollieren. Du kannst die Umstände als Ereignisse interpretieren, die dir widerfahren, aber deine Entscheidungen bestimmen letztendlich das Ergebnis.

Der Aufbau einer positiven mentalen Einstellung hat damit zu tun, dass du dich auf vier bestimmte Bereiche deines Lebens konzentrierst. Wenn du in jedem dieser Bereiche ein gesundes Gleichgewicht schaffst, wirst du mehr Ruhe und Harmonie erleben und mehr Raum in deinem Kopf haben, um kreative Ideen zu entwickeln.

Im weiteren Verlauf dieses Abschnitts werden wir die Bereiche erörtern, in denen du deine PMA einsetzen kannst, um die besten Ergebnisse zu erzielen.

Dies sind die vier Säulen für den Aufbau einer positiven mentalen Einstellung:

1. Deine Einstellung zu vergangenen und zukünftigen Ereignissen;
2. Deine Einstellung zu dir selbst;
3. Dein Verhalten gegenüber anderen; und
4. Menschen, Orte und Ereignisse, die deine positive Einstellung herausfordern.

Kapitel 7: Deine Einstellung zu vergangenen und zukünftigen Ereignissen

"Es ist nicht die Situation, die deinen Stress verursacht, es sind deine Gedanken, und du kannst das hier und jetzt ändern. Du kannst dich dafür entscheiden, in diesem Moment friedlich zu sein. Frieden ist eine Entscheidung und hat nichts damit zu tun, was andere Menschen tun oder denken."

- Gerald G. Jampolsky, MD

Die Vergangenheit ist eine zeitbezogene Perspektive. Eine Person kann ihr Leben als eine Reihe von tragischen Ereignissen, verpassten Gelegenheiten oder misslungenen Ergebnissen betrachten. Man sieht die Realität durch die Linse einer negativen Denkweise.

Menschen, die die Vergangenheit als eine Reihe negativer Erfahrungen betrachten, von denen sie glauben, dass sie zum Opfer geworden sind, sind fokussiert auf:

- Beziehungen, die nicht geklappt haben

- Frühere finanzielle Verluste

- Ein Leben, das sich einfach nicht so entwickelt hat, wie sie es sich erhofft hatten

- Verpasste Beschäftigungsmöglichkeiten

- Eine schlechte Erziehung.

Es ist nicht die Situation, die deinen Stress verursacht, es sind deine Gedanken, und du kannst das hier und jetzt ändern. Du kannst dich dafür entscheiden, in diesem Moment friedlich zu sein. Frieden ist eine Entscheidung und hat nichts damit zu tun, was andere Menschen tun oder denken.

Wenn dies geschieht, wirkt es sich auf alle deine Entscheidungen im gegenwärtigen Moment aus. Dies wirkt sich direkt darauf aus, wie sich deine Zukunft entfalten wird. Ein positiv denkender Mensch sieht sein Leben als eine Reihe von Lektionen, die er durch einmalige Erfahrungen lernt und die ihn auf das künftige Leben vorbereiten. Du weißt, dass Dinge wie das Scheitern dazu gedacht sind, damit du die Art und Weise, wie du Dinge tust, verbessern kannst. Die Angst ist ein Verbündeter, der immer wieder auftaucht, um dich herauszufordern, härter zu arbeiten und nicht aufzugeben.

Der beste Rat, den ich zur Entwicklung einer starken Denkweise erhalten habe, ist folgender:

Lass deine Gedanken los, wenn sie kommen. Sie werden immer wieder an deine Tür klopfen, und wenn du die Tür öffnest, um sie hereinzulassen, lädst du das Chaos in dein Leben ein. Widerstehe dem Drang, dich zu wehren oder auf das zu hören, was deine Gedanken sagen. Lass sie einfach geschehen. Lass dich selbst geschehen.

Unabhängig davon, wie du deine persönliche Geschichte betrachtest, spielt deine Einstellung zu vergangenen Ereignissen eine wichtige Rolle für deinen Erfolg bei der Gestaltung einer guten Zukunft für dich.

Zunächst musst du aufhören, dich abzumühen. Gönn dir eine Pause und sei stolz darauf, dass du so weit gekommen bist. An der Vergangenheit kannst du nichts ändern. Der Verstand ist immer im Konflikt, wenn es um Ereignisse geht, sei es die Vergangenheit oder die Zukunft.

Die einzige Realität, die wir haben, ist der gegenwärtige Zustand. Aber es gibt einen Teil unserer Natur, der süchtig nach Zeitreisen ist - zurückspringen, um alte Erinnerungen wieder aufleben zu lassen, oder nach vorne springen, um Vorhersagen über eine Zukunft zu machen, die noch nicht stattgefunden hat.

Die Dinge, die wir getan oder nicht getan haben, lösen Bedauern aus, und die Dinge, denen wir uns noch stellen müssen, lösen Angst und Sorgen aus. Unabhängig davon, ob du dich zwischen vergangenen und zukünftigen Realitäten hin und her bewegst, sind beide Zeitrahmen nicht real. Sie sind Illusionen, die der Verstand erschafft.

Bedenke diese Fragen:

- Gibt es etwas in deiner Vergangenheit, das du zutiefst bedauerst und das dich zurückhält?
- Gibt es eine Erfahrung, die du gemacht hast und die du nur schwer loslassen kannst?
- Betrachtest du deine Fehler aus der Vergangenheit als Lernkurven oder als permanente Misserfolge, die deine zukünftige Realität bestimmen?
- Was würdest du anders machen, wenn du könntest?
- Wie könntest du einen deiner früheren Misserfolge in eine Lernerfahrung verwandeln, von der du heute profitieren kannst?
- Was würdest du heute tun, wenn es dein letzter Tag auf Erden wäre? Wie würdest du die letzte Stunde verbringen, die dir noch bleibt?

Der Hauptgrund, warum die meisten Menschen nicht weiterkommen, ist das Grübeln über Misserfolge. Viele Menschen grübeln über alte Probleme nach, wünschen sich, dass die Dinge anders gelaufen wären, und glauben, dass es morgen genauso sein wird wie gestern. Das sind die Gedanken, die du ändern musst, wenn du aus der Sackgasse herauskommen willst. Ein großer Teil deiner gegenwärtigen Einstellung besteht darin, wie du noch immer die Erfahrungen von gestern siehst.

Deine Vergangenheit muss nicht deine Zukunft sein.

Wenn du dich jetzt in den gegenwärtigen Moment begibst, wirst du erkennen, dass dies der einzige Zeitrahmen ist, der zählt. Das ist alles, was du hast. Es ist alles, was du jemals haben wirst. Nutze diese Geisteshaltung der Gegenwärtigkeit, um den Moment zu stärken und deine Gedanken auf das zu lenken, worauf du dich im Jetzt konzentrierst. Entwickle die Einstellung, dass alles, was du hast, heute ist, und die Vergangenheit wird dich nicht mehr kontrollieren.

Wenn du lernst, vergangene Fehler und Misserfolge loszulassen, kannst du dich von diesem Schmerz befreien. Ich sage nicht, dass du ihn vergessen wirst, aber du kannst lernen, ihn zu akzeptieren und weiterzumachen.

Wie William Shakespeare einmal sagte: "Es gibt nichts Gutes oder Schlechtes, aber der Gedanke macht es dazu".

Wenn deine Gedanken in einer anderen Zeitzone gefangen sind, wird deine gegenwärtige Denkweise eingefroren bleiben. Wenn du jeden Tag als eine Wiederholung dessen betrachtest, was vor 20 Jahren geschehen ist, wirst du das heute und morgen erleben. Du kannst dies ändern, indem du dich weigerst, Misserfolge der Vergangenheit als deine Zukunft zu akzeptieren.

Eckhart Tolle, der Bestsellerautor von "Die Kraft der Gegenwart", sagte: *"Zeit ist nicht kostbar, weil sie eine Illusion ist. Was du als kostbar wahrnimmst, ist nicht die Zeit, sondern der eine Punkt außerhalb der Zeit: Das Jetzt. Das ist in der Tat kostbar. Je mehr du dich auf die Zeit - Vergangenheit und Zukunft - konzentrierst, desto mehr verpasst du das Jetzt, das das Kostbarste ist, was es gibt."*

Du bist der Gärtnermeister deines Lebens. Es liegt an dir, die Kontrolle über deinen eigenen Geist zu übernehmen und zu versuchen, die bestmögliche Einstellung zu entwickeln. Das wird deinen Geist befreien, um mehr kreative Gedanken und großartige Ideen zu haben.

Worüber du heute nachdenkst, ist deine Zukunft von morgen; dein heutiges Handeln schafft dein Morgen und alle Tage danach. Könnte es noch einfacher sein? Kannst du dir eine bessere Art zu leben vorstellen? Das Leben ist keine perfekte Straßenkarte. Niemand gibt uns Anweisungen, wie wir glücklich sein oder Freude finden können; das müssen wir selbst schaffen.

Ich ertappe mich oft dabei, dass ich auf vergangene Ergebnisse zurückblicke und mich selbst bestrafe, indem ich mich frage: "Warum habe ich das getan? Ich war so dumm. Hätte ich nur anders gehandelt, dann wäre heute alles ganz anders."

Diese Art des Denkens schafft kein förderliches Umfeld für deine positive Einstellung; sie verstärkt deine Enttäuschung darüber, was du letzte Woche, letztes Jahr oder vor 10 Jahren getan oder nicht getan hast. Und der Effekt, den dies auf deine positive Einstellung hat, ist, dass du ein Muster negativer Gedanken entwickelst, die sich über die Jahre hinweg aufbauen und deine negative Einstellung verstärken.

Wenn du im gegenwärtigen Moment bleibst, wird dein Geist leichter und weniger überladen. Du kannst dich leichter konzentrieren. Du bist weniger ängstlich. Du entwickelst einen tieferen Seelenfrieden und fühlst dich geerdeter, wenn du in der Realität des gegenwärtigen Augenblicks verweilst.

Die Erfahrungen der Vergangenheit neu gestalten

Du kannst deine vergangenen Erfahrungen so umgestalten, dass du dein Leben auf eine andere Art und Weise betrachtest. Betrachte alles, was in deinem Leben geschehen ist, als eine Lernkurve. Woran du auch immer festhältst, mach dir klar, dass du mit dem, was du damals hattest, das Beste gemacht hast. Es hätte nichts anderes sein können als das, was es war. Auf diese Weise kannst du einen Großteil des Stresses und der Anspannung in deinem Körper loslassen.

Ich will damit nicht sagen, dass du die Vergangenheit vergessen sollst. Das wäre unrealistisch. Aber betrachte dein Leben als eine unglaubliche Reise mit all den schönen Erfahrungen und Ereignissen, die stattgefunden haben (manche schlecht, manche gut), und sieh alles so: "Alles, was passiert ist, war zum Besten. Es ist nicht so gelaufen, wie ich es erwartet hatte, aber es hatte einen Platz in meinem Leben."

Indem du die Erfahrung mit einer neuen Geisteshaltung betrachtest und sie anders siehst, kannst du deine alten Gedanken über misslungene Ergebnisse loslassen. Zwei Menschen können dieselbe Erfahrung machen, unabhängig vom Ergebnis, und doch wird der eine sie als negatives Ereignis und der andere als positives Ereignis sehen. Die Erfahrung oder das Ereignis selbst ist weder positiv noch negativ, und du solltest versuchen, es nicht als solches zu bezeichnen.

Ordne es stattdessen in einen konstruktiven Rahmen ein, der deine Überzeugungen unterstützt und ein ansonsten "negatives Ergebnis" in eine Lernerfahrung verwandelt. Denke daran, dass ein Ergebnis nur dann negativ ist, wenn du etwas anderes erwartet hast und etwas anderes bekommen hast, das du zu diesem Zeitpunkt nicht wolltest. Wer weiß schon, ob das Ergebnis gut oder schlecht ist?

In diesem Buch geht es nicht darum, dir alles über Reframing beizubringen, aber es ist eine wirkungsvolle Technik, mit der du deine Einstellung (einschränkende Überzeugungen, negative Gedanken) zu einer Sache so ändern kannst, dass sie dich aufbaut, anstatt dich zu sabotieren.

Richte deine Gedanken auf das, worauf du dich heute konzentrieren willst. Gibt es neue Beziehungen, die du pflegen willst? Gibt es etwas Neues, das du ausprobieren kannst, um deine Fähigkeiten oder dein Wissen zu erweitern? Gibt es ein Ziel, das du auf die lange Bank geschoben hast und an dem du arbeiten möchtest? Welche interessanten Ideen hast du in letzter Zeit gehabt, die du gerne in die Tat umsetzen würdest?

Deine Erfolgschancen steigen exponentiell in dem Moment, in dem du vom Leben in der Vergangenheit zum Leben in der Gegenwart übergehst. Es erfordert fleißiges Üben, aber du kannst es schaffen. Es gibt nichts, was dich zurückhält.

Wenn du die Besessenheit loslässt, die Vergangenheit zu kontrollieren, öffnet sich ein neuer Trichter, um mehr von dem zu schaffen, was du in deinem gegenwärtigen Leben willst. Konzentriere dich auf den gegenwärtigen Moment, denn das ist die einzige Zeit in deinem Leben, die wirklich zählt, und das ist das Einzige, was du wirklich kontrollieren kannst. Du kannst das, was in diesem Moment geschieht, steuern, indem du in der gegenwärtigen Situation Entscheidungen triffst.

Die Zukunft neu gestalten

Die Vergangenheit spielt eine Rolle dabei, wie man heute und in Zukunft lebt. Die Gewohnheiten, Überzeugungen, Entscheidungen und Handlungen, die wir entwickelt haben, werden die Zukunft beeinflussen. Aber die Vergangenheit ist vorbei. Wie können wir unsere Einstellungen so ändern, dass sie in der Zukunft für uns arbeiten? Können wir die Ereignisse kontrollieren, die sich ereignen werden?

Man zieht nicht an, was man im Leben will. Du ziehst an, was du bist. Wir alle wollen in gewissem Maße etwas. Die meisten Dinge, die wir wollen, sind nur Füllmaterial und in den meisten Fällen nicht das, was wir wirklich wollen. Was du wirklich willst, beginnt mit dem, was du in diesem Moment tust. Es gibt keine magischen Tricks oder Strategien, um eine schöne Zukunft für dich und deine Familie zu schaffen. Es beginnt damit, dass du das tust, was du liebst.

Zum Beispiel:

- Du willst Schriftsteller werden? Mach es dir zur Gewohnheit zu schreiben. Du könntest es jetzt tun.
- Du möchtest mehr Zeit mit deinen Kindern verbringen? Plane einen Ausflug an den Strand oder in den Park. Tue es heute oder plane es gleich für morgen.
- Möchtest du dich beruflich verändern, weil deine Arbeit nicht deinen Vorstellungen entspricht?

Denke gründlich über die Arbeit nach, die dir wirklich Spaß macht, und beginne, daran zu arbeiten. Mache ein Brainstorming über deine Ideen für die Arbeit, die du tun möchtest, und überlege, wie du damit deinen Lebensunterhalt verdienen kannst.

Genauso wie die Vergangenheit positiv gestaltet werden kann, steht die Zukunft mit allem, was du dir jemals gewünscht hast, in dem Moment bereit, in dem du heute anfängst zu arbeiten.

Um deine Zukunft so zu gestalten, dass du ein gutes Ergebnis erzielst, solltest du diese Ursachen für mentalen Stress berücksichtigen.

Ein schlechtes Ergebnis vorhersagen

Hast du schon einmal jemanden sagen hören: "Das wird bei mir nie funktionieren"? Solche Menschen machen ihren morgigen

Erfolg davon abhängig, was letzte Woche passiert ist. Sie sagen damit: "Okay, ich bin schon zweimal gescheitert; was bringt es, es noch einmal zu versuchen?"

Die Verwendung von Beweisen aus der Vergangenheit, um falsche Vorhersagen für morgen zu treffen

Diese Art des Denkens führt auch dazu, dass wir in der Zukunft scheitern. Deine Zukunft ist das, was passiert, wenn du in der Gegenwart Entscheidungen triffst. Wenn du morgen etwas tun willst, musst du heute damit anfangen. Wenn es um achtsames Denken geht, können wir bewusst wählen, welche Gedanken wir befolgen, ignorieren oder erschaffen wollen.

Mangelnde Konzentration

Zähme deinen Geist und konzentriere dich auf die Maßnahmen, die du ergreifen willst. Auf diese Weise können wir das Aufschieben verhindern, aufhören, Dinge zu tun, die wir nicht mögen, und eine Menge mentaler Ängste loswerden, die sich angesammelt haben, weil wir uns selbst überfordert haben. Du kannst jederzeit eingreifen und sagen: "Moment, diese Denkweise gefällt mir nicht. Lass uns aufhören, es so zu tun, und es stattdessen so machen."

Negative Selbstgespräche

Du kannst die innere Stimme, die zu deinem Verstand spricht, fixieren. Es ist die Stimme, die dich aus dem Chaos der Zukunft befreien kann. Das Muster entsteht durch die Sorge, die aus der Unwissenheit kommt; den Stress, der daraus entsteht, dass man nicht weiß, wie man damit umgehen soll; und das überwältigende Gefühl, das daraus entsteht, dass man nicht weiß, wie man mit so viel umgehen soll.

In der Gegenwart zu bleiben bedeutet, all die negativen Gedanken loszulassen. Dein Geist kann sich nicht auf die Zukunft konzentrieren und gleichzeitig präsent sein. Ich empfehle, sich darin zu üben, die Dinge loszulassen, während sie geschehen.

Hier ist ein einfaches dreistufiges Verfahren, das ich verwende und das funktioniert:

1. Bringe dein Bewusstsein in den gegenwärtigen Moment. Sobald du dir bewusst bist, dass du dich im gegenwärtigen Moment befindest, sind auch deine Gedanken gegenwärtig. Dein Verstand wird deiner Führung folgen.

2. Frage dich selbst: "Was tue ich im Moment? Woran arbeite ich?" Wir fürchten, dass wir in Zukunft nicht alles haben werden, was wir wollen. Wir haben Angst vor Verlust und Mangel. Die Menschen fürchten, dass sie nicht genug Geld haben werden, um in Rente zu gehen, oder dass sie eines Tages ihren Arbeitsplatz verlieren werden. Du kannst schon jetzt an deinem Lebensplan arbeiten, der dich in eine bessere Position bringt, um mit diesen Dingen umzugehen, wenn sie eintreten. Wie kannst du deine Finanzen heute besser verwalten, sodass du nicht mehr darüber nachdenken und ängstliche Gedanken entwickeln musst?

3. Frage dich selbst: "Wer ist im Moment die wichtigste Person in meinem Leben? Was kann ich jetzt tun, um auf sie zuzugehen oder mehr Zeit mit ihr zu verbringen?" Es ist anstrengend zu erkennen, dass Menschen, die wir lieben, erwachsen werden, älter werden und schließlich verschwinden. Das ist unvermeidlich. Aber wir können darüber nachdenken, wie wir ihnen jetzt am besten dienen können. Das wird dir Erinnerungen bescheren, die du eines Tages zu schätzen wissen wirst, wenn du zurückblickst und dich an eine Zeit erinnerst, in der du die Gesellschaft von Freunden, Familie und Kindern genossen hast.

Wenn du jetzt bewusst handelst, ist das der beste Weg, um deine Ängste, deinen Stress und deine Überforderung in Bezug auf zukünftige Ereignisse zu beseitigen. Ich will damit nicht sagen, dass du nicht über deine Zukunft nachdenken sollst, sondern dass du dich auf die bestmögliche Zukunft vorbereiten solltest, indem du jetzt bewusst handelst.

Wichtigste Erkenntnisse

1. Konzentriere dich auf die heutigen Aufgaben und Ziele; genieße die kostbaren Momente, die der heutige Tag bringt.

2. Wenn du dich auf die Vergangenheit konzentrierst, siehst du die Chancen der Gegenwart nicht so leicht.

3. Arbeite an den anstehenden Aufgaben, nicht an denen, die bereits erledigt sind; stelle alte Überzeugungen und Ideen auf den Kopf, indem du sie anders betrachtest. Es geht nicht darum, was passiert ist, sondern wie du das Ergebnis wahrnimmst.

4. Lerne, dir die Fehler und Misserfolge der Vergangenheit zu verzeihen. Niemand hat ein perfektes Leben gehabt, und deine so genannten Misserfolge sind Teil des Lernzyklus. Sei stolz auf das, was du bisher in deinem Leben erreicht hast.

5. Nimm dir die nächsten 30 Minuten Zeit, um über den Verlauf deines Lebens nachzudenken. Frage dich: "Wo möchte ich in einem Jahr sein? In fünf Jahren? In zehn Jahren?"

Kapitel 8: Deine Einstellung zu anderen Menschen

"Wähle das Positive. Du hast die Wahl. Du bist der Herr über deine Einstellung. Wähle das Positive, das Konstruktive."

- Bruce Lee

Deine Einstellung zu dir selbst ist der zweite Bereich, der zur Qualität deiner positiven Einstellung beiträgt.

Es erstaunt mich, wie Menschen sich selbst behandeln, als wären sie ihr eigener schlimmster Feind. Vielleicht trinkst du zu viel, rauchst oder begehst andere Handlungen, die deinen Charakter und deine Gesundheit sabotieren, und setzt dich ohne Rücksicht auf die möglichen Folgen einem Risiko aus.

Deine Einstellung zu dir selbst spielt eine entscheidende Rolle für die Qualität des Lebensstils, den du führst. Indem du daran arbeitest, eine positive Einstellung zu dir selbst zu entwickeln, wirst du alle Ebenen eines geringen Selbstwertgefühls überwinden und dein Selbstvertrauen stärken.

Deine Einstellung zu dir selbst ist die Grundlage für deinen gesamten Erfolg. Es ist wirklich ganz einfach. Behalte eine positive Einstellung bei, und du wirst dir einen Lebensstil schaffen, der reicher ist als alles, was du dir jemals erträumt hast (keine Floskeln - es ist wahr).

Wenn du in einem negativen Zustand verharrst und diese Einstellung gegenüber den Menschen und Situationen in deinem Leben zum Ausdruck bringst, gibst du nur dir selbst die Schuld, wenn die Dinge schief gehen. Das soll nicht heißen, dass nur gute

Dinge passieren, wenn man eine positive Einstellung hat. Auch schlechte Dinge werden passieren. Der Unterschied liegt darin, wie du die Erfahrung wahrnimmst und wie du damit umgehst. Es gibt nichts Richtiges oder Falsches, aber dein Denken macht es so.

Schaffe eine positive Einstellung zu dir selbst

Die Einstellung, die du zu dir selbst hast, bestimmt die Handlungen, die du täglich ausführst. Als ich wütend und negativ war, hatte ich ein schlechtes Selbstbild. Das führte zu Handlungen, die mein Leben zerstörten.

Als ich daran arbeitete, meine Einstellung zu ändern, begannen überraschenderweise die guten Dinge, von denen ich immer geträumt hatte, zu geschehen. Ich glaube nicht, dass das ein Zufall war. Deine Einstellung - nicht nur zu anderen, sondern auch zu dir selbst - ist also ein entscheidender Faktor für deine allgemeine Freude und Zufriedenheit.

Liebe dich selbst bedingungslos

Vor allem solltest du dich selbst bedingungslos lieben. Wenn du eine gesunde Einstellung zu dir selbst hast und positiv mit dir selbst kommunizierst, behandelst du auch andere gut und bist ihnen gegenüber warmherzig und akzeptierend eingestellt. Die Menschen nehmen das auf. Wenn du eine schlechte Einstellung hast, kommt das von innen, und negative Menschen werden von dir angezogen. Gewinner werden keine Minute in deiner Gesellschaft vergeuden.

In seinem Buch *"Love Yourself Like Your Life Depends On It"* sagt der Autor Kamal Ravikant: "Wenn du dich selbst liebst, liebt dich das Leben zurück. Ich glaube nicht, dass es eine Wahl hat. Ich kann nicht erklären, wie es funktioniert, aber ich weiß, dass es wahr ist.

Viele Menschen mögen sich selbst nur dann, wenn sie etwas erreicht oder etwas getan haben, das der Liebe wert ist. Das kommt von der sozialen Konditionierung. Wenn man gut ist, wird man belohnt, aber wenn man schlecht ist oder einen Test in der Schule nicht besteht, wird man als jemand angesehen, der eine Strafe verdient. Uns wird nicht beigebracht, uns selbst bedingungslos zu lieben, sondern auf ein Belohnungssystem zu reagieren, das sich auf bedingte Liebe konzentriert.

Wenn es darum geht, ein positives Bild von sich selbst zu schaffen, konzentriere dich darauf, dich selbst zu mögen ... sehr. Dann konzentriere dich darauf, dich selbst zu lieben. Es ist nicht wichtig, was du erreichst, wie viel du besitzt oder wer von dir beeindruckt ist. Wichtig ist, dass du dich jeden Tag ansiehst und sagen kannst: "Ich bin froh, dass ich ich bin." Klingt albern?

Probiere es eine Woche lang aus. Probiere es einen Monat lang aus. Versuche es für den Rest deines Lebens.

Achte auf die negativen Etiketten, die du dir selbst aufklebst

Achte auf die Momente, in denen du dich selbst hart bezeichnest. Hier können positive Affirmationen eine wichtige Rolle spielen, wenn es darum geht, deine Einstellung so zu verändern, dass du mit dir selbst auf eine sanftere, positivere Weise sprichst.

Wenn du die Angewohnheit hast, dich mit negativen Botschaften zu füttern (z. B. "Was für ein Idiot ich bin!"; "Ich werde nie Erfolg haben!"; "Ich werde immer scheitern!"), musst du die kleine Stimme, die dich bedroht, verletzt und herunterzieht, durch eine Stimme ersetzen, die dich unterstützt und ermutigt.

Du erstellst Etiketten, wenn du dich selbst enttäuscht hast oder glaubst, dass du in irgendeiner Weise versagt hast. Und vielleicht hast du das auch. Aber wer versagt nicht? Wer macht keine Fehler? Wer ist nicht menschlich? Wer hat ein perfektes Leben? Du kannst dir selbst eine Pause gönnen. Mache eine Liste mit positiven Affirmationen und übe, sie mehrmals am Tag zu sagen.

Ändere deine Einstellung und du änderst deine Gedanken. Du kannst mit kleinen Schritten beginnen. Tritt an die Öffentlichkeit und schalte den Ausschuss in deinem Kopf aus. Bringe ihn ein für alle Mal zum Schweigen. Erkenne es als das, was es ist: das Geschwätz verrückter Stimmen, die ohne deine Zustimmung handeln.

Es ist das Ego des Verstandes, und seine Aufgabe ist es, deinen Willen zu kontrollieren, indem es deinen Kopf mit falschen Überzeugungen füllt. Du kannst es stoppen, indem du erkennst, wenn es passiert und sagst: "Okay, genug. Hau ab."

Im Ernst, du hast die Macht, es abzuschalten. Die Stimmen sind dein Befehl, nicht umgekehrt.

Lege deine Einstellung zu Beginn eines jeden Tages fest

Was bei mir und unzähligen anderen, die ich kenne, wirklich funktioniert hat, ist, mit der richtigen Einstellung aufzuwachen. Mit anderen Worten, mit der "richtigen Seite" des Bettes aufzuwachen. So oft bin ich entweder mit der falschen Einstellung ins Bett gegangen oder mit der falschen Einstellung aufgewacht.

Wenn du den Tag mit einem schlechten Gefühl beginnst, wird es dich den Rest des Tages begleiten, wenn du es nicht gleich am Morgen in den Griff bekommst.

Es ist von entscheidender Bedeutung, schon früh am Morgen eine positive Einstellung zum Erfolg zu entwickeln. Ich kann dir gar nicht sagen, wie oft ich wütend, verbittert oder mit Angst vor dem bevorstehenden Tag aufgewacht bin. Es beginnt mit einem einzigen negativen Gedanken, und dieser eine Gedanke führt zu weiteren, bis ich eine Lawine von Negativität losgetreten habe, noch bevor ich zum Frühstück komme.

Wie wachst du also mit einer guten Einstellung auf, die dich durch den Tag trägt?

Ich tue vier Dinge:

1. Trainiere in den ersten 20 Minuten. Mach zwei Sätze Kniebeugen und zwei Sätze Liegestütze - je 20 Wiederholungen. Du kannst jede Übung machen, die du möchtest: Yoga, Tai Chi, Schattenboxen oder eine einfache Reihe von Dehnübungen. Wichtig ist nur, dass du 20 Minuten lang trainierst.
2. Schreibe 20 Minuten lang im freien Fluss. Schreibe alles auf, was dir in den Sinn kommt. Das nennt man "Morgenseiten" - eine Idee, die ich aus The Artist's Way von Julia Cameron übernommen habe. Diese Übung ist erstaunlich, um den Kopf frei zu bekommen und spült auch alle Ideen heraus, die du vielleicht hast.
3. Lese 20 Minuten lang. Suche dir ein gutes Selbsthilfebuch aus oder lese deine Liste mit Affirmationen und positiven Zitaten. Ich habe meine Lieblingsbücher auf der Rückseite dieses Buches aufgelistet. Wenn du jeden Tag 20 Minuten liest, kannst du zwei Bücher pro Monat lesen.
4. Zum Schluss solltest du ein Glas Wasser trinken und ein gutes Frühstück zu dir nehmen.

Ich kann gar nicht genug betonen, wie dieses einfache System zu Beginn eines jeden Tages mich davor bewahrt, einen miserablen Tag zu erleben. Wenn ich voller Sorgen, Ärger, Groll aufwache oder mich auf eine negative Erfahrung konzentriere, ist der Tag vergeudet.

Es ist sehr schwierig, wieder in eine positive Stimmung zu kommen, wenn man den Tag schlecht beginnt. Beginne richtig, und egal, was an diesem Tag passiert, du wirst es viel besser bewältigen können.

Wichtigste Erkenntnisse

1. Bemühe dich konsequent darum, schlechte Gewohnheiten abzulegen, die deiner geistigen Gesundheit und deinem Körper schaden.
2. Mache eine Liste deiner guten Eigenschaften und erinnere dich an diese.
3. Vermeide Dinge wie persönliche Etiketten, Selbstmitleid oder Neid.
4. Denke daran, dass du nur von dir selbst besiegt werden kannst und dass deine Einstellung zu dir selbst das Wichtigste ist.
5. Sei dir der schlechten Tage bewusst, die du hast; gönne dir einen schlechten Tag, aber bevor du ins Bett gehst, füttere deine Gedanken mit positiven Affirmationen und gutem Motivationsmaterial.
6. Setze dir ein lohnendes Ziel und verbringe jeden Tag einige Zeit damit, auf dieses Ziel hinzuarbeiten. Lerne, alles zu erkennen und herauszufiltern, was der Aufrechterhaltung einer positiven Einstellung im Wege steht, z. B. negative Gedanken und Selbstkritik.
7. Halte dich vom Lesen von "Junk News" und Artikeln fern, die nicht zu deiner positiven Einstellung beitragen.
8. Denke daran, dass es nicht die Größe des Hindernisses ist, die dich besiegt. Es ist deine Einstellung zum Hindernis.

Kapitel 9: Menschen, Orte und Ereignisse, die dich herausfordern

"In Zeiten von großem Stress oder Widrigkeiten ist es immer am besten, seinen Ärger und seine Energie in etwas Positives zu lenken.

- Lee Iacocca,
ehemaliger Geschäftsführer von American Automobile

Selbst die positivsten und inspirierendsten Menschen werden durch die Prüfungen und Schwierigkeiten des Alltags herausgefordert. Es kann schwierig sein, eine positive Einstellung und einen positiven Ausblick aufrechtzuerhalten, wenn der Rest der Welt alles daran setzt, einem das Leben schwer zu machen. Aber das ist die Realität: Das Leben ist nicht immer einfach. Wenn man mit einer optimistischen Einstellung an die Sache herangeht, ist es einfacher, mit Menschen und Situationen umzugehen.

Es gibt viele Situationen, die Ihre positive Einstellung in Frage stellen. Es kann schwierig sein, eine positive Einstellung zu bewahren, wenn man von Widrigkeiten umgeben ist. Widrigkeiten können so einfach sein wie ein anderer Autofahrer, der Sie im Verkehr schneidet, oder so komplex wie Beziehungsprobleme. Vielleicht wollen Kollegen, dass Sie ihre Probleme für sie lösen, oder jemand hat einen Notfall, der nichts mit Ihnen zu tun hat, aber Sie sind derjenige, von dem erwartet wird, dass er sich darum kümmert.

Es gibt eine ganze Reihe von Dingen, die jeden Tag passieren können und die deine positive Einstellung auf die Probe stellen werden. Die Frage, die du dir in solchen Situationen stellen musst, lautet: "Was werde ich tun?

Was hat Gandhi getan, als er mit Widrigkeiten konfrontiert wurde?

Gandhi lebte ein einfaches Leben. Er hatte nie viel und brauchte nie viel. Er trug einfache Kleidung und aß nur das, was er brauchte. Er lebte in einem Zustand, den viele als Armut bezeichnen würden, aber er entschied sich dafür, so zu leben.

Seine Aufgabe und sein Ziel war es, sein Volk von der britischen Herrschaft zu befreien. Wie konnte er angesichts von Drohungen und der Möglichkeit, getötet zu werden, positiv und stark bleiben? Wie konnte er ein solches Maß an geistiger und mentaler Freiheit bewahren, wenn sein Leben und das seines Volkes auf dem Spiel stand? Wie konnte das jemand?

Du musst nicht Gandhi sein, um mit den Schwierigkeiten des Lebens umzugehen, aber du kannst versuchen, dich in die Lage einer anderen Person zu versetzen, indem du dir bildlich vorstellst, was sie tun würde. Wie würde (Name der Person, die du bewunderst, einfügen) damit umgehen? Was würde sie tun?

Wenn ich einen schlechten Tag habe oder jemandem begegne, der mir Kummer bereitet, und ich nichts weiter tun möchte, als einzugreifen und die Situation mit einer aggressiven Haltung zu meistern, halte ich inne und stelle mir diese eine Frage: "Was würde Gandhi tun?" Es mag sich wie eine verrückte Frage anhören, aber im Ernst, sie beruhigt mich sofort.

Und warum ist das so? Es verändert meine ganze Perspektive. Anstatt die beste Lösung nicht zu kennen und zu fragen: "Was soll ich tun?" stelle ich eine Frage, die meinen Blickwinkel auf jemanden verlagert, den ich kenne und der dieses Problem lösen könnte.

Du kannst Gandhi durch jede beliebige Person ersetzen: Mutter Teresa, Jesus Christus, Buddha oder den Dalai Lama. Es könnte auch jemand sein, den du in deiner Familie oder Nachbarschaft kennst und den du dafür respektierst, dass er einen positiven Einfluss auf dein Leben hat.

Wer auch immer es ist, nutze diese Person als dein "perfektes Modell" für den Umgang mit einer schwierigen Situation, Person oder einem Problem. Wenn ich mir diese Frage stelle, kommt die Antwort irgendwann, und ich verliere seltener die Beherrschung, reagiere über oder schlage wütend um mich.

Probiere diese Strategie in jeder Situation aus, die du als schwierig empfindest. Mit etwas Übung wirst du in der Lage sein, deine Emotionen besser zu steuern und die positive Einstellung beizubehalten, die du dir so hart erarbeitet hast.

Mit welchen schwierigen Situationen bist du im Moment konfrontiert? Es vergeht kein Tag, an dem du nicht mit einem Problem, einer Krise oder einer Situation konfrontiert wirst, die dich aus deiner glücklichen Lage herausholt.

- Du fährst mit dem Auto und spürst die Kraft eines glücklichen Moments, als dein Auto abstirbt.
- Du bekommst eine Rechnung über 3.000 Euro, die du bis zum Monatsende bezahlen musst, hast aber nur 50 Euro auf der Bank.
- Ein Freund von dir lässt sich scheiden, und du beginnst, dich um deine eigene Ehe Sorgen zu machen.
- Züge, Flugzeuge und Autos sind verspätet: In einem Land voller Chaos ist es eine Herausforderung, an seinem Lieblingsplatz zu bleiben.

Suche dir eine dieser Situationen aus und erstelle eine Liste mit Lösungen. Mache eine Liste, was du tun kannst, um die Situation zu bewältigen. Du kannst dich nicht immer auf alles vorbereiten, was passieren könnte, aber nimm dir die Zeit, dir die Probleme vorzustellen, die auftreten könnten. Versuche dann, dir für jedes Problem eine Lösung einfallen zu lassen.

Durch das Durchspielen von "Situations-Simulationen" kannst du deinen Verstand trainieren, besser darauf vorbereitet zu sein, mit schwierigen Problemen umzugehen, wenn sie auftreten. Du wirst weniger gestresst sein und zuversichtlicher, was auch immer das Leben für dich bereithält.

Strategie des "Losschneidens"

Es gibt einfach Dinge, gegen die wir nichts tun können. Dennoch halten wir vielleicht an ihnen fest, weil wir uns verpflichtet oder verantwortlich fühlen. Ich sage, wenn es nichts mit dem zu tun hat, was du direkt getan hast, dann lass es sein.

Warum solltest du dich mit den Problemen anderer Leute befassen, wenn es gar nicht deine eigenen Probleme sind? Oft bin ich so sehr mit dem beschäftigt, was um mich herum passiert, dass ich versuche, zu viel zu tun. Du musst nicht die Probleme der ganzen Welt lösen. Fang mit deinen eigenen an und hilf dann anderen, wann immer du kannst.

Wenn ich mit einer Situation nicht zurechtkomme, wende ich eine mentale Technik an, die ich "loslassen" nenne.

Stelle dir vor, wie du dieses Ding mit deiner geistigen Schere losschneidest und beobachte, wie es in die Dunkelheit fällt (ich stelle es mir vor, wie es ins Nichts fällt). Versuche dies so oft, wie es nötig ist. Das Loslassen alter Ergebnisse ist eine Möglichkeit, deinen Geist zu klären. Und je mehr Raum du in deinem Geist öffnest, desto leichter wirst du dich fühlen.

Denke daran, dass sich in deinem Kopf im Laufe der Jahre so viele Dinge angesammelt haben, dass du sie ab und zu loswerden musst. Wenn du an alten Ideen, Gedanken und Beschwerden festhältst, werden diese zu Ärger und verursachen Stress. Du wirst mehr Kopfschmerzen bekommen und weniger schlafen können.

Ich meditiere jeden Abend 15 Minuten lang, bevor ich ins Bett gehe. Ich habe jahrelang nicht meditiert, obwohl ich so viel über die Vorteile gehört hatte und wie gut es für einen ist. Als ich anfing, fiel es mir schwer, es zur Gewohnheit werden zu lassen, aber nach und nach klappte es. Es beruhigt mich, und ich gehe nicht mehr mit all dem geistigen Müll in mir ins Bett. Schaffe diesen Müll aus deinem Kopf, wenn er wertvollen Platz wegnimmt.

Kontrolliere deine Reaktionen

Deine Reaktion auf eine Person, einen Ort oder eine Sache liegt unter deiner Kontrolle. Niemand kann dich zwingen, auf irgendeine Weise zu handeln. Wenn du sagst: "Er hat mich wütend gemacht", sagst du in Wirklichkeit: "Er hat etwas getan, das ich nicht gutheißen konnte, und ich habe mich entschieden, so zu reagieren."

Die einzige Möglichkeit, eine feste, solide Einstellung zu entwickeln, besteht in der Praxis. Nutze diese Herausforderungen zum Üben. Es gibt keinen besseren Weg, diese Disziplin zu entwickeln, als in die Welt hinauszugehen und zu sagen: "Okay, gib's mir. Was hast du?"

Im Laufe der Jahre habe ich eine beträchtliche Toleranz gegenüber vielen Menschen und Situationen entwickelt, die mich vor Jahren noch in den Wahnsinn getrieben hätten. Ich bin immer noch im Nörgelmodus und wünsche mir, dass es diese Menschen oder Probleme nicht gäbe, aber wo wäre ich dann, wenn es sie nicht gäbe?

Die Welt wird sich nicht für dich verbiegen. Du musst der Fels in der Brandung sein, der genug persönliche Kraft aufbauen kann, um sich gegen die Strömung zu stemmen und sie um dich herum fließen zu lassen. Eine großartige Strategie, die ich jeden Tag anwende, ist es, aus dem Chaos herauszutreten und ein Beobachter all dessen zu werden, was um mich herum geschieht.

Zu bestimmten Tageszeiten verlasse ich zum Beispiel meinen Schreibtisch und die monotone Gewohnheit, nur auf den Bildschirm zu starren, und höre auf das, was um mich herum passiert. Man kann beobachten, wie die Menschen in ihrer kleinen Welt versunken sind, wie sie umherlaufen und Feuer löschen, wie sie beschäftigt aussehen, obwohl sie es gar nicht sind, oder wie sie nach etwas suchen, das ihre Aufmerksamkeit erregt. Ich nutze diese Beobachtungstechnik, um mich in die Realität der Welt um mich herum hineinzuversetzen.

Du kannst dies überall tun. Wenn du das nächste Mal nach draußen gehst, stelle dich an den Rand einer belebten Straße und beobachte, wie alle hin und her rennen, Smartphones benutzen, kommunizieren, streiten, in ihre kleine Welt eintauchen, während sie um sie herum passiert. Wir sind alle ein Teil davon.

Was ich durch diese Technik entdeckt habe, ist, dass sich die Welt nicht um mich dreht. Wenn man mitten in einem anstrengenden Tag steckt, hat man dann nicht das Gefühl, dass sich alles, was um einen herum passiert, irgendwie um einen dreht? Als ich aufhörte, die Dinge so persönlich zu nehmen, wurde es einfacher, sie zu akzeptieren und mit ihnen umzugehen.

Das meiste, was uns widerfährt und wie wir damit umgehen, ist Wahrnehmung. Zwei Menschen können genau dieselbe Erfahrung machen und völlig unterschiedlich daraus hervorgehen. Die eine Person ist gestresst, ängstlich und braucht Medikamente, um sich zu beruhigen. Die andere Person zuckt mit den Schultern und sagt: "Ach, das war lustig." Das meiste, was in unserem täglichen Leben passiert, hat in vielen Fällen nichts mit uns zu tun, aber die Menschen lassen sich zu sehr darauf ein und laden diese Probleme ein.

Wichtigste Erkenntnisse

- Erstelle ein Skript in deinem Kopf, das direkt mit der Person kommuniziert, die dir Kummer bereitet. Das ist sehr wirkungsvoll und kann deine positive Einstellung für eine lange Zeit aufrechterhalten.

- Verwende die Technik "Was würde Gandhi tun". Frage dich: "Was würde [Name hier] in dieser Situation tun?" Dies ist eine wirkungsvolle Strategie, um in wirklich schwierigen Situationen Klarheit zu gewinnen.

- Wende die Strategie des "Loslassens" an, wenn du es mit Menschen oder Situationen zu tun hast, für die du nicht verantwortlich bist. Wenn du im Moment einfach nicht über das Problem in deinem Leben nachdenken kannst, musst du es loslassen.

- Denke daran, dass du die Einstellung anderer Menschen nicht ändern oder ihr Verhalten kontrollieren kannst. Sie werden tun, was sie tun. Das Einzige, was du kontrollieren kannst, ist deine Reaktion darauf.

- Nimm dir etwas Zeit und wende die "Beobachtungstechnik" an. Beobachte alles, was um dich herum vor sich geht. Wenn du zurückkommst, wirst du die Welt und die Menschen, wie sie agieren und reagieren, aus einer breiteren Perspektive betrachten können.

- Hör auf, die Dinge persönlich zu nehmen.

"Es gibt nur einen kleinen Unterschied zwischen den Menschen, aber dieser kleine Unterschied macht einen großen Unterschied. Der kleine Unterschied ist die Einstellung. Der große Unterschied ist, ob sie positiv oder negativ ist."

- W. Clement Stein

Kapitel 10: Einfache Strategien zum Aufbau deiner positiven Einstellung

"Du hast es schon einmal geschafft und du kannst es wieder schaffen. Sieh die positiven Möglichkeiten. Leite die beträchtliche Energie deiner Frustration um und verwandle sie in positive, effektive, unaufhaltsame Entschlossenheit."

- Ralph Marston

In diesem Kapitel findest du einige Aktionsaufgaben, die du umsetzen kannst, um einen positiveren Lebensstil zu leben und an der Verbesserung deiner positiven Einstellung zu arbeiten. Mach dir keine Sorgen über die Tage, an denen du eine "Auszeit" hast und dein negatives Denken auftaucht. Wenn du die Dinge tust, die dir ein gutes Gefühl geben, wirst du dich auf natürliche Weise wieder aufrichten.

Wenn du jeden Tag mindestens drei dieser Aufgaben erledigst, entwickelst du eine kraftvolle Denkweise und befähigst deine Gedanken, zu kreativen Werkzeugen zu werden.

Hier ist eine kurze Liste von Strategien, die du ausprobieren kannst, um deine positive mentale Einstellung zu entwickeln:

Positive Affirmationen verwenden

Lies positive Zitate und Affirmationen. Bewahre diese Zitate griffbereit auf, damit du sie jeden Tag lesen kannst. Ich wähle jeden Abend fünf Zitate aus und lese sie im Laufe des Tages mehrmals.

Frühes Aufwachen

Morgens ist dein Gehirn am aktivsten. Versuche, früher als sonst aufzustehen, 20 Minuten lang zu lesen oder Sport zu treiben. Du kannst einen Blogbeitrag schreiben oder mit deinem Hund einen frühen Spaziergang machen. Die Zeit, die du am Morgen verbringst, kann die wichtigste Zeit des Tages sein, weil sie den Ton für dein PMA für den Rest des Tages angibt.

Meditiere zweimal täglich für jeweils 15 Minuten

Meditation macht den Kopf frei und verbessert die Konzentration. Durch Meditation erhältst du eine bessere Kontrolle über deine geistigen Funktionen und eine bessere Konzentrationsfähigkeit. Sie reduziert deinen Stress, verbessert deine Gesundheit, baut negative Energie ab und steigert deine Fähigkeit, großartige Ideen zu entwickeln. Nimm dir täglich 15 Minuten Zeit für deine Meditationspraxis.

Etwas Neues lernen

Ein stagnierender Geist bleibt in alten Überzeugungen und Gewohnheiten stecken. Das Erlernen neuer Fähigkeiten und die Offenheit für bessere Wege, Dinge zu tun, macht den Kopf frei und schafft Platz für fortgeschrittenes Lernen. Du könntest neue Fähigkeiten erlernen, um deine Geschäftsmöglichkeiten zu erweitern oder die Qualität deiner Beziehungen zu Freunden und Familie zu verbessern.

Indem du deine Fähigkeiten durch die Verpflichtung zu ständiger und nie endender Verbesserung erweiterst, ziehst du die Menschen und Situationen an, die dein Leben bereichern.

Schreibe drei positive Dinge über jemanden auf, mit dem du Schwierigkeiten hast, zurechtzukommen.

Wenn Gandhi es mit dem britischen Imperium aufnehmen konnte und im Angesicht von Widrigkeiten Vergebung praktizierte, kannst du versuchen, einer Person und ihren Fehlern zu vergeben. Schreibe den Namen der Person auf. Dann schreibe drei Dinge auf, die sie gut macht, und lobe sie dafür.

Wenn du dich nicht persönlich mit jemandem treffen kannst, kannst du alles aufschreiben und laut vorlesen. Stell dir die Person in einem Raum mit dir vor. Du wirst ein erstaunliches Gefühl des "Loslassens" bei dieser Tätigkeit erleben.

Lies Bücher über persönliche Entwicklung und Mentalitätsentwicklung.

Versuche, dir jeden Tag mindestens 20 Minuten Zeit zum Lesen zu nehmen. An den meisten Tagen lese ich bis zu einer Stunde. Das hat viel zu meiner positiven Einstellung beigetragen. Lesen ist nicht nur etwas, das man tut, wenn man Zeit hat; es sollte Teil der täglichen Routine sein.

Du kannst Zeit zum Lesen einplanen, anstatt es einfach zu tun, wenn du Zeit hast. Diese eine tägliche Gewohnheit des Lesens wird einen positiven Ton für deine Einstellung setzen.

Hier ist eine kurze Liste von erstaunlichen Büchern, die ich empfehle:

- Das Morgenwunder von Hal Elrod
- Erwecke den inneren Riesen von Anthony Robbins
- Maximale Leistung von Brian Tracy
- Denke und werde reich von Napoleon Hill
- Die Magie des großen Denkens von David J. Schwartz
- Die Macht des positiven Denkens von Norman Vincent Peale
- Die 7 Gewohnheiten hocheffektiver Menschen von Stephen R. Covey

- Die Prinzipien des Erfolgs: Wie du von dort, wo du bist, dorthin gelangen kannst, wo du sein willst von Jack Canfield
- Kreative Visualisierung von Shakti Gawain
- Essentialismus: Das disziplinierte Streben nach weniger von Greg McKeown

Füge nun mindestens 10 weitere Bücher hinzu, die du gerne auf deine Leseliste setzen würdest!

Schreibe deine Ziele auf

Nimm dir in der nächsten Woche jeden Tag eine Stunde Zeit, um deine Ziele für die nächsten fünf Jahre aufzuschreiben. Welches Ziel wird in diesem Jahr den größten Einfluss auf dein Leben haben? Was sind deine Ziele für diesen Monat? Du kannst dir Ziele für jeden Bereich deines Lebens setzen: Gesundheit, Wohlstand, Beziehungen und Reisen. Nimm dir mindestens drei Stunden Zeit, um deine Ziele für die nächsten 20 Jahre vollständig zu planen.

Konzentriere dich auf die Ermächtigung deiner Gedanken.

Versuche, deine Gedanken positiv, konstruktiv und klar zu halten. Sei dir negativer Gedanken bewusst und stoppe sie, sobald sie auftauchen. Vermeide negative Diskussionen, die sich auf Beschwerden, Zankereien und Kleinigkeiten konzentrieren, die andere verletzen. Achte auf die Gedanken, die du über Menschen und Situationen hast.

Schalte den Fernseher aus

Wir verbringen viel zu viel Zeit vor dem Fernseher. Ich schlage nicht vor, dass du ganz damit aufhörst, denn es ist gut, sich ab und zu zu entspannen und einen Film zu sehen. Aber wenn du mehr als 30 Minuten pro Tag fernsiehst, vergeudest du Zeit, die du nie wieder zurückbekommst.

Anstatt stundenlang ohne jegliche Selbstkontrolle fernzusehen, plane deine Fernsehzeit nach der Erledigung anderer Dinge. Samstagabend ist zum Beispiel meine DVD-Filmzeit. Ich sehe mir jeden Samstagabend einen Film an. Wenn ich aus Gewohnheit fernsehe, nur um die Zeit totzuschlagen, wird es das Einzige, was ich tue. Den Rest der Woche ziehe ich den Stecker und schalte ihn gar nicht erst ein.

TEIL III:
Transformiere deine Gedanken

Kapitel 11: Interne Kommunikation und die Sprache des Denkens

"Viel Gerede ist die Ursache von Gefahr. Schweigen ist das Mittel, um Unglück zu vermeiden. Der redselige Papagei ist in einem Käfig eingesperrt. Andere Vögel, die nicht sprechen, fliegen frei umher."

- Saskya Pandita

Die Sprache, die du verwendest, hat einen direkten Einfluss auf deine Gedanken und deine entsprechende Einstellung. Aber es geht nicht nur um das gesprochene Wort. Die innere Kommunikation mit dir selbst ist eine Schlüsselkomponente für die Schaffung klarer, positiver Gedanken.

Die Macht der inneren Stimmen

Deine innere Stimme hat ihren eigenen Ton und ihr eigenes Vokabular. Meistens sind das, was wir denken, und das, was wir sagen, sehr unterschiedlich. Aber das Ergebnis ist das gleiche. Wenn du durch deinen "inneren Kritiker" Worte des Ärgers und des Grolls denkst, werden deine Gedanken und Gefühle beeinflusst.

Was du denkst, ist das, was du fühlst - unabhängig davon, ob du deine Gefühle nach außen hin ausdrückst. Du kannst innerlich schlecht gelaunt sein und es trotzdem nach außen hin verbergen. Aber du leidest jetzt innerlich unter diesen negativen Emotionen.

Deine innere Kommunikation übt einen starken Einfluss aus. Indem du die Sprache wählst, die du mit dir selbst und anderen verwendest, wirst du Herr über dein eigenes Denken. Die Worte, die du wählst, und der Ton der Sprache, die du anderen gegenüber verwendest, haben einen direkten Einfluss darauf, wie du denkst und fühlst.

Menschen, die im Allgemeinen wütend, launisch oder in einem negativen Zustand sind, kommunizieren mit ihren Gedanken auf dieselbe Weise. Das ist ganz natürlich. Wir denken zuerst und sprechen später.

Wie du mit deinem Geist kommunizierst

Wie du vorhin gesehen hast, fühlt es sich manchmal so an, als würde dein Verstand von einer fremden Macht übernommen, und du verlierst jegliche Kontrolle über das, was du denkst und sogar über das, was du sagst. Aber du weißt, dass dies nur eine Illusion des Verstandes ist. Es ist ein weiterer Trick, um dich zu verwirren.

Du kannst dieser Verwirrung ein jähes Ende setzen, indem du deinen Verstand trainierst, zu kommunizieren. Anstatt ihn mit deinen Gedanken davonlaufen zu lassen und deinen Geist mit Angst und Mangel zu füllen, erkennst du, dass die Stimmen, die zu dir sprechen, dein Unterbewusstsein sind.

Zu Beginn des Buches haben wir über Achtsamkeit gesprochen und darüber, wie wichtig sie für dein Leben sein kann. Wenn du dir ein wenig Zeit nimmst, um deine Gedanken zur Ruhe zu bringen, ist das eine Investition in deine geistige Gesundheit. Wenn es um die Sprache geht, die zwischen deinen Gedanken und deinem Verstand ausgetauscht wird, kannst du deinen inneren Dialog überwachen und ihn besser kontrollieren.

Hast du wütende Gedanken? Sind deine Worte mit Frustration oder negativen Assoziationen gefüllt? Erfüllst du deinen Geist mit ängstlichen Gedanken?

Deine "innere Stimme" ist eine trügerische Bestie. Sie kann aus dem Nichts auftauchen und deine Gedanken in deinen eigenen schlimmsten Feind verwandeln. Stell dir Folgendes vor: **Dein größter Feind ist nicht da draußen und sucht nach einem Weg, um an dich heranzukommen. Du hast diesen Feind in deinem Kopf.** Sobald du ihn als das erkennst, was er ist, schlägst du die Brücke zu deiner Freiheit.

Menschen verbringen Jahre damit, ihr Leben glücklicher zu machen. Sie finden Wege, um mehr Geld zu verdienen, neue Beziehungen einzugehen, den Arbeitsplatz zu wechseln oder sporadische Einkaufstouren zu unternehmen. Eine Zeit lang fühlen sie sich gut, doch dann stehen sie wieder am Anfang. Und warum?

Die Lösung ist nie "da draußen". In dem Moment, in dem du siehst, dass sich dein innerer Feind hinter den Falten deiner Gedanken versteckt, ist es, als ob ein Leuchtfeuer in deinem Kopf eingeschaltet wird. Du beginnst, klarer zu denken. Du bist ruhig und in Frieden. Unruhe und Angst schmelzen dahin.

Mit der Lektüre dieses Buches erhältst du alle Werkzeuge und Taktiken, die du brauchst, um diesem selbstzerstörerischen Feind des Geistes zu begegnen. Die Frage ist: Willst du gewinnen oder verlieren? Willst du glücklich oder unglücklich sein? Wirst du dich ergeben oder aufgeben?

Wenn du willst, dass der Feind in deinem Kopf deine Gedanken und deine innere Stimme kontrolliert und deinen Geist zermalmt, dann tu Folgendes:

- Sieh täglich stundenlang fern, ignoriere deine eigenen Gedanken und fülle deinen Geist mit sinnloser Unterhaltung;

- Lies die Nachrichten und sei deprimiert über all das schlimme Drama da draußen;

- Beschwere dich ständig über die Leute, die du nicht magst;

- Benutze Worte wie "Ich hasse", "Ich kann sie nicht ausstehen" oder "Ich wünschte, sie würde einfach ...";

- Gib jemand anderem oder den Umständen die Schuld für deine Misserfolge und deinen mangelnden Erfolg;

- Lasse deine Wut ab, indem du Menschen anschreist, wenn du deinen Willen nicht bekommst; und/oder

- Glaube, dass "es nun einmal so ist" und mache weiter wie bisher.

Unser bisheriges Handeln hat uns besiegt. Wenn du Erfolg haben willst, fang damit an, den Feind in deinem Geist zu erkennen. Stell dir das Biest vor und wie es jetzt in deinem Kopf erscheint. Natürlich kennen wir alle das Sprichwort: "Der größte Trick des Teufels war, die Welt davon zu überzeugen, dass es ihn nicht gibt." Nun, unser Verstand hat einen Teufel, ein Monster, einen Affen oder wie auch immer du ihn nennen willst. In dem Moment, in dem du seine Existenz erkennst, kannst du alles umkehren.

Die Frage ist also: "Wie mache ich das?" Du hast bereits begonnen, indem du dich entschlossen hast, dieses Buch zu lesen.

Hier sind zwei Strategien, die dir helfen können, mit deinen Gedanken zu kommunizieren und deinen Geist davon zu heilen, in einen Zustand der Ablenkung zu geraten. Du kannst deine Reise zur Beherrschung deiner Gedanken gleich jetzt fortsetzen.

Tue, was du liebst, und baue diese Aktivität in deinen Tag ein.

Wir alle haben etwas, das wir gerne tun - oder früher gerne getan haben -, aber es bekommt selten Priorität bei all den anderen Dingen, die passieren. Als ich nach 20 Jahren, in denen ich nur darüber nachgedacht hatte, wieder mit dem Schreiben begann, musste ich mir dafür Zeit nehmen.

Es gab immer etwas anderes, das ich tun konnte, und wenn mir langweilig war, schaltete ich einfach den Fernseher ein. Aber indem ich mir 30 Minuten pro Tag Zeit nahm, konnte ich in zwei Monaten ein Buch schreiben. Was könntest du 30 Minuten in deinen Tag einplanen?

Hier sind einige Beispiele:

- 30 Minuten lang Sport treiben
- Zeichnen oder Malen
- Ein Musikinstrument üben
- Deine Gedanken in ein Tagebuch schreiben
- Dein Lieblingsessen kochen

Tue du, was du liebst, und du wirst negative Gedanken oder zeitraubende Ablenkungen ausmerzen. Sie fallen von selbst weg.

Stelle einen Timer und bereite alles vor, bevor du beginnst. Dann arbeite 30 Minuten lang an deiner einen Sache. Du kannst eine Pause machen, und wenn du mehr Zeit hast, arbeite weitere 30 Minuten daran. Wenn du das tust, was du liebst, schaffst du einen gesunden Raum, in dem deine Gedanken fließen können. Versetze dich in einen glücklichen Zustand, und deine Gedanken werden folgen.

Unsere Handlungen wirken sich direkt auf unsere Gefühle aus, und unsere Emotionen können die Qualität unserer Gedanken auf ein höheres Niveau bringen. Während dieser Zeit sind deine Gedanken nicht abgelenkt. Du kannst klar denken und genießt einen Zustand konzentrierter Arbeit.

Stille Zeit, um dich auf deine Gedanken und Gefühle zu konzentrieren

Wir alle versuchen, nach einem Arbeitstag oder einem Tag voller Familienaktivitäten zu entspannen. Bevor du dich erschöpft ins Bett verkriechst oder deine E-Mails abrufst, solltest du dir 15 Minuten Zeit nehmen, um in Ruhe nachzudenken. Denke in dieser Zeit über deine Dankbarkeit für bestimmte Aspekte deines Lebens nach.

Stelle dir Fragen, die dich dazu bringen, über deinen Zweck nachzudenken: "Warum bin ich hier? Worauf arbeite ich hin? Wer bin ich im Moment? Welche Negativität erlebe ich im Moment? Wen liebe ich? Wem bin ich böse?"

Gewöhne dich daran, mit deinem Verstand zu sprechen. Warum solltest du all dem sinnlosen Lärm und Geschwätz zuhören? Je mehr du ihm zuhörst, desto mehr macht es dich verrückt. Du musst es abstellen oder ausschalten. Übe dich darin, ein Mantra zu sprechen oder positive Worte zu gebrauchen, die deine Liebe zu dir selbst und zu der Umgebung, in der du dich befindest, verstärken.

Du kannst meditative Musik abspielen oder einfach nur in der Stille sitzen. Das ist etwas anderes als eine Form der Meditation, bei der man sich auf seine Gedanken konzentriert, um seinen gegenwärtigen Zustand besser zu verstehen. Während des Tages, wenn so viel los ist, ist es ein echter Kampf, diesen Zustand der Stille zu finden.

Zunächst einmal müssen wir es so einrichten, dass wir uns in einen ruhigen Zustand der Achtsamkeit versetzen können. Mit zunehmender Übung wirst du bald in der Lage sein, dies zu tun, auch wenn du dich in einem Sitzungssaal oder Klassenzimmer befindest. Im Idealfall ist die Verbindung mit deinen Gedanken, indem du wahrnimmst, wie sie mit dir kommunizieren, eine kraftvolle Übung.

Führungspersönlichkeiten müssen dazu in der Lage sein, damit sie unter Druck nicht überreagieren. Sportler müssen dies können, damit sie unter Leistungsdruck ruhig bleiben können. Eltern müssen dazu in der Lage sein, damit sie in schwierigen Zeiten mit ihrer Familie kommunizieren können.

Baue diesen Ort der Ruhe in dir auf, und du kannst ihn jederzeit aufsuchen. Verbinde dies mit einem bestimmten Musikstück oder vielleicht einem Zitat oder einer positiven Affirmation, die dich dorthin führt.

Baue eine Brücke zu diesem Ort, und wenn du dich unruhig, gestresst oder ängstlich fühlst, kannst du dorthin gehen, um wieder ins Gleichgewicht zu kommen.

Kapitel 12: Die positive Wirkung von Worten und Affirmationen

"Kleine Veränderungen in deinem Denken und kleine Veränderungen in deine Energie können zu massiven Veränderungen in deinem Endergebnis führen."

- Kevin Michel

Wie wir im vorigen Kapitel gelernt haben, geht es bei Selbstgesprächen darum, mit sich selbst im Reinen zu sein und seine Gedanken mit positiven Botschaften zu füllen. Um eine einflussreiche Person zu werden und andere zu ermutigen, zu inspirieren und zu führen, musst du mit dir selbst im Reinen sein. Du musst in der Lage sein, deine Gedanken in positiver Weise an deinen eigenen Geist weiterzugeben, bevor du deine Gedanken und Ideen der Welt mitteilen kannst.

Deine Worte sind mächtige Ausdrucksmittel. Du kannst eine Person aufbauen oder sie in derselben Minute niederreißen. Ein paar Worte, die im Zorn gesprochen werden, können eine nachhaltige Wirkung haben, an die man sich jahrelang erinnert.

Eine positive Ermutigung hat die gleiche Wirkung, indem sie im Gedächtnis des Empfängers haften bleibt. Denke an eine Situation, in der dir jemand etwas Ermutigendes über eine Leistung gesagt hat. Wie hast du dich dabei gefühlt? Zweifellos fühltest du dich ermutigt und zuversichtlich, dich mehr anzustrengen.

Visualisiere diesen Moment, und du kannst dich wahrscheinlich immer noch mit den Gedanken der anderen Person verbinden. Du siehst, du kannst nicht nur deine eigenen Gedanken beeinflussen, sondern auch die Gedanken anderer. In einer Welt voller negativer Botschaften in unserer Gesellschaft und in den Medien sticht vor allem eines hervor: deine Fähigkeit, andere Menschen positiv zu beeinflussen.

Das ist das Zeichen einer echten Führungskraft, die sich kümmert. Du kannst dies mit deiner Familie, deinen Mitarbeitern oder den Menschen tun, die du jeden Tag triffst, die dir Kaffee servieren, dich in einem Restaurant bedienen oder dein Telefon beantworten.

Andere mit Machtworten und Phrasen positiv beeinflussen

Hast du schon einmal einem Motivationsredner zugehört, der zu einem Publikum spricht? Versuche, Tony Robbins, Jim Rohn oder Zig Ziglar zuzuhören. Du kannst die positive Kraft hinter ihrer Stimme spüren. Sie sprechen zu den Menschen wie jemand, der sein Publikum liebt. Sie wissen, dass sie sich aufrichtig um die Menschen da draußen kümmern, die ihnen zuhören.

Deshalb haben sie auch Millionen von Anhängern. Die Menschen wollen hören, was sie zu sagen haben. Du denkst vielleicht, dass das alles nur leere Worte oder oberflächliche Motivation ist, aber was wäre die Alternative? Jemand, der dir sagt, dass die Welt ein beängstigender Ort ist und du dich besser vor der Nummer eins in Acht nehmen solltest?

Dies ist eine Botschaft, die viele Menschen glauben und nach der sie handeln. Wenn wir den negativen Botschaften ausgesetzt sind, die durch Handlungen verstärkt werden, werden sie Teil unserer Identität. Die Leute sagen Dinge wie: "Oh ja, sie kümmert sich nur um sich selbst" oder "Er ist so kritisch gegenüber anderen".

Die Identität, mit der sich die Menschen identifizieren, begann als ein Gedanke, der zu einer Handlung wurde. Deine Handlungen sind direkte Befehle deiner Gedanken. Aber du kannst deine Identität ändern, indem du die Art und Weise änderst, wie du mit Menschen sprichst. Ersetze die negative Sprache durch Worte, die sie motivieren, inspirieren und begeistern. Schon bald werden die Leute Dinge über dich sagen, die sich so anhören:

- "Sie ist so voller positiver Energie. Ich fühle mich gut, wenn ich mit ihr zusammen bin.
- "Etwas, das er sagte, hat mich wirklich angesprochen. Was für eine Wirkung!"
- "Was sie sagte, hat meine Perspektive und mein Leben wirklich verändert. Ich wünschte, ich hätte mehr davon gehabt, als ich aufwuchs."

Jahrelang war ich kein positiver Mensch. Es fiel mir sehr schwer, gut über andere zu sprechen - selbst wenn sie es wirklich verdient hatten. Als ich diese Eigenschaft als etwas erkannte, das ich nicht wollte, änderte ich meine Einstellung und begann, mich wie ein positiver Einflussnehmer zu verhalten.

Es begann mit den Worten, die ich zu den Menschen sprach und wie ich sie verwendete. Ich ersetzte Hass durch Liebe und Kritik durch Optimismus. Wenn ich mich dabei ertappte, wie ich jemanden im Gespräch niedermachte, behielt ich diese Meinung sofort für mich oder fand zumindest eine gute Sache, die ich über denjenigen sagen konnte, wenn schon nichts anderes.

Es braucht Zeit, aber allmählich kannst du dich dafür entscheiden, diese positive Gedankenenergie zu kommunizieren.

Hier sind sechs Strategien, die wir sofort in die Praxis umsetzen können. Sie werden dir helfen, einen größeren Wortschatz zu entwickeln, der sich auf motivierende Wörter und Sätze konzentriert, die dein Leben verändern können.

1. **Unterlasse es, dich negativ über jemanden zu äußern.** Dazu gehört auch, sich über das Verhalten von jemandem zu beschweren oder ihn für Fehler zu kritisieren, die er gemacht hat.

2. **Konzentriere dich auf Kraftworte.** Verwende Worte, die voller Ermutigung sind. Benutze "Ich kann", "Du kannst es" oder verwende die Zitate in diesem Buch, wenn du Schwierigkeiten hast, dir etwas einfallen zu lassen.

3. **Konzentriere dich auf zukünftige Pläne und Ziele.** Begeistere dich für ein Projekt oder ein Ziel, das jemand zu erreichen versucht. Engagiere dich und frage, ob die Person Hilfe braucht, um dieses Ziel zu erreichen. Ermutige deine Zuhörer, hart zu arbeiten und weiterzumachen, egal welche Hindernisse sich ihnen in den Weg stellen.

4. **Gib dem Moment eine positive Wendung.** Jetzt ist die beste Zeit, etwas zu versuchen. Warte nicht darauf, dass der Tag perfekt ist, bevor du anfängst zu leben, und lass nicht zu, dass Aufschieberitis deine Chance, großartig zu sein, zunichte macht.

5. **Streiche die Liste der negativen Wörter und Phrasen aus deinem Sprachgebrauch.** Worte wie "unmöglich", "das geht nicht", "das ist eine blöde Idee", "ich hasse ..." oder "das werde ich nie haben". Die meisten Einschränkungen sind selbst auferlegt. In der Tat sind es fast alle. Wir versagen uns selbst, bevor die Welt die Chance hat, uns zu versagen. Wenn jemand diese Worte als Ausrede dafür benutzt, nicht direkt zu handeln, wenn es nötig ist, sag es ihm.

6. **Vermeide Gespräche, die sich auf triviale Ereignisse konzentrieren, die du nicht kontrollieren kannst.** Jeden Tag gibt es so viele Ereignisse und Begebenheiten, die unseren emotionalen Zustand beeinflussen ... wenn wir es zulassen. Viele dieser Dinge können herausgefiltert werden. Wir konzentrieren uns auf die Handlungen anderer und darauf,

wie sie sich direkt auf unser Leben auswirken, selbst wenn wir ihnen nie begegnet sind oder etwas mit dem Ereignis selbst zu tun hatten.

Erinnere dich an das Gelassenheitsgebet, eine der kraftvollsten Redewendungen, die du je lernen wirst:

"Gott, gib mir die Gelassenheit, die Dinge zu akzeptieren, die ich nicht ändern kann, den Mut, die Dinge zu ändern, die ich ändern kann, und die Weisheit, den Unterschied zu erkennen."

Man muss nicht in der Genesung sein, um dies mehrmals am Tag zu rezitieren. Es funktioniert, wenn wir uns in trivialem Müll verfangen. Wie wichtig ist es letztendlich, sich in einem negativen Kreislauf des Chaos zu verfangen?

In den meisten Fällen spielt es überhaupt keine Rolle ... es sei denn, du machst es wichtig.

Deine Worte sind ein direktes Spiegelbild dessen, was in deinem Kopf vorgeht. Du kannst nicht positiv denken und negativ über dein Leben sprechen. Das Handeln folgt dem Denken.

Bringe deine Gedanken in Ordnung und positives Denken wird folgen. Bringe deine Gedanken in Ordnung, und du wirst immer auf die richtige Weise handeln, sprechen und leben.

Kapitel 13: Gedanken nutzen und Emotionen beherrschen

"Finde einen Ort in dir selbst, an dem du Freude empfindest, und die Freude wird den Schmerz auslöschen.

- Joseph Campbell

Einer der direktesten Wege zur Kontrolle deiner Gefühle ist die Kontrolle deiner Gedanken. Jede Emotion wird zunächst von einem Gedanken begleitet. Du musst verstehen, dass du über die Gefühle, die du erleben willst, nachdenken musst, um deine Gefühle zu kontrollieren.

Damit hast du einen großen Vorteil gegenüber den meisten Menschen. Die meisten Menschen nehmen sich nicht die Zeit, über diese Konzepte nachzudenken. Denke daran, dass alle deine Gedanken etwas erzeugen: Emotionen. Deine Emotionen entstehen aus den Gedanken, die du hast.

Wir können dies sehr leicht testen. Denke jetzt an eine Situation oder eine Person, die dich wütend macht. Das könnte ein Groll sein, den du immer noch hegst – vielleicht hat jemand gerade mit dir Schluss gemacht und du bist immer noch wütend – oder ein Vorgesetzter, mit dem du in deinem jetzigen Job nur schwer zusammenarbeiten kannst. Denke an diese Person in ihrer Gesamtheit. Wie fühlst du dich jetzt?

Zweifellos bist du wütend. Vielleicht schwitzt du. Das ist die Macht der Gedanken und der Worte, die wir benutzen, um mit unseren Gefühlen zu kommunizieren. Du kannst die beiden nicht trennen.

Wenn wir zulassen, dass diese Gedanken die Oberhand gewinnen und fortbestehen, werden sie sich tief eingraben und einen lebenslangen Groll aufbauen. Wir können sehr lange an unserem Groll festhalten, der sich langsam in unser Leben hineinfrisst.

Denke jetzt an etwas, das dich glücklich macht: die Arbeit an einem leidenschaftlichen Projekt, eine Kindheitserinnerung oder die Zeit mit deinen Freunden, deiner Familie oder deinen Kindern. Du kannst spüren, wie sich deine Emotionen von Ärger zu einem glücklichen, freudigen Gefühl wandeln. Wenn du dich lange genug auf diese Gedanken konzentrierst, wirst du deinen Zustand langfristig ändern.

Die Fähigkeit, deinen Geisteszustand zu ändern, ist die mächtigste Strategie, die du heute anwenden kannst. Der einzige Grund, warum Menschen so unglücklich sind, ist, dass sie in einer Geisteshaltung feststecken, die ihre Gefühle kontrolliert. Sie klammern sich an eine Idee oder einen negativen Gedanken, der allumfassend ist und sie verzehrt.

Infolgedessen werden die Menschen unruhig, depressiv oder sogar selbstmordgefährdet. Sie können nicht aus ihren negativen Denkmustern ausbrechen. Sie fühlen sich hoffnungslos. Hilflos. Sie haben nichts, wofür es sich zu leben lohnt. Das Leben wird zu einer anstrengenden Schleife, und wir wollen einfach nur, dass es aufhört. In vielen Fällen brauchen die Menschen Hilfe, ein Eingreifen oder einfach jemanden, mit dem sie über ihre Gefühle sprechen können.

Dein emotionaler Zustand ist immer unter deiner Kontrolle. Wir können die Menschen nicht davon abhalten, so zu handeln, zu sprechen oder zu sein, wie sie sind. Sie ziehen ihr eigenes Ding durch, und das hat normalerweise nichts mit dir zu tun. Aber wenn Menschen – seien es Familienmitglieder, Kollegen oder

Fremde – etwas tun, das unseren emotionalen Zustand beeinträchtigt, nehmen wir es persönlich.

Aber bedenke dies: Viele Menschen sind sich deiner Gefühle nicht bewusst. Wie sollten sie auch? Sie sind zu sehr auf ihr eigenes Leben konzentriert. Es gibt zwar Menschen, denen es Spaß macht, andere emotional zu verletzen, aber die meisten tun dies unabsichtlich, weil sie glauben, dass sie im Recht sind und tun, sagen oder sein können, was sie wollen.

Wenn wir jemandem begegnen, dessen Verhalten uns nicht gefällt und der uns beleidigt oder versucht, uns zu kontrollieren, reagieren wir mit Widerstand. Wir wollen uns wehren und errichten unsere eigenen Barrieren, um unseren Besitz zu verteidigen. Dies ist der erste Schritt zur Entstehung von Ressentiments. Von hier an kann es nur noch schlimmer werden. Du setzt jetzt deinen emotionalen Zustand darauf, was die andere Person als nächstes tun wird.

Werden sie gegen mich vorgehen? Werden sie meine Bemühungen zunichte machen oder Mobbing betreiben? Werden sie über mich reden?

Die Gedanken toben und bauen eine Mauer der Angst auf, die sich am Ende des Tages zu einem riesigen Chaos auswächst. Stress, Sorgen und Angst gehen Hand in Hand, wenn wir die Kontrolle über unsere Gedanken verlieren und das Recht aufgeben, unsere Gefühle zu beherrschen.

Es gibt mehrere Kernstrategien, mit denen wir unsere Emotionen auf einer grundlegenden Ebene beherrschen können.

Meditation, konzentriertes Denken oder entspannende Musik können dich in den gegenwärtigen Moment zurückbringen. Tatsächlich ist der einzige Frieden, den du finden kannst, genau jetzt – in diesem Moment.

Dein Verstand wird versuchen, von heute auf morgen und auf übermorgen zu springen und Szenarien zu entwerfen, die nicht existieren. Aber dein Verstand weiß das nicht. Er weiß nicht, was real ist und was nicht.

Was du den ganzen Tag über denkst, ist das, was du wirst. Wir haben das schon oft gehört, aber wenn man in einer realen Situation feststeckt, die es erfordert, einen Schritt zurückzutreten und das Problem zu beobachten, kann man sehen, wie leicht man in ein negatives Loch gezogen wird.

Wenn du deinen emotionalen Zustand meistern willst, musst du damit beginnen, deine Gedanken in den gegenwärtigen Moment zu bringen. Bringe den schreienden Verstand zum Schweigen. Fühlt es sich nicht manchmal so an, als würde dein Verstand dich anschreien? Du willst ihn zum Schweigen bringen, also schaltest du den Fernseher ein oder hörst laute Musik. Aber das hilft selten. Es lenkt nur ab. Sobald die Fernsehsendung zu Ende ist, stehst du wieder am Anfang.

Was du tun musst, ist, das Muster zu durchbrechen. Setze dich mit deinem negativen Denken und den schreienden Stimmen in deinem Kopf auseinander. Sie haben nicht das Sagen, wie man uns glauben gemacht hat. Es geht nur um dich. Es ist deine Show und du bist der Regisseur deiner eigenen Vorstellung. Also steh auf und übernimm das Kommando.

Löse deine Negativschleife

Du kannst die Gedanken loslassen, die dir durch den Kopf gehen und Muster von negativem Chaos erzeugen. Wenn du in einer negativen Gedankenschleife feststeckst, spielt dein Verstand das gleiche alte Band immer und immer wieder ab. Jedes Mal, wenn er das Szenario durchspielt, wird er stärker und die Bilder werden intensiver. Du fühlst dich schlechter, weil du dich machtlos fühlst, das zu stoppen.

Aber deine Emotionen und Gefühle beruhen auf den Bildern, die sich in deinem Kopf abspielen. Menschen, die ein Trauma erlebt haben, wissen das nur zu gut. Sie wiederholen dieselbe Aufnahme – real oder imaginär – in ihrem Kopf, bis sie zu einem alles verzehrenden Gefühl wird. Stelle dir vor, du liefest den ganzen Tag herum und konzentriertest dich auf das schlimmste Ereignis deines Lebens. Wie würdest du dich fühlen? Du würdest dich unruhig, ängstlich und unglücklich fühlen.

> *"Erkenne, wenn sich eine Tür schließt, dann deshalb, weil das, was dahinter war, nicht für dich bestimmt war."*
>
> **- Mandy Hale**

Hier ist, wie wir das ändern können: Indem wir die Art und Weise, wie die Geschichte geschrieben ist, ändern und durch etwas Besseres ersetzen, können wir die negative Musterschleife durchbrechen und den Grundstein für etwas Positives legen, das sich gut anfühlt.

Ist es nicht das, was wir wollen? Uns selbst und unsere Umgebung gut zu finden und die Menschen anders zu sehen, auch wenn ihre Handlungen uns Schmerzen verursachen? Bis jetzt hast du dich auf die andere Person konzentriert und dir gewünscht, dass sie ihr Verhalten ändern würde. Aber auch hier gilt: Menschen sind Menschen. An einem Tag sind sie deine Freunde und am nächsten Tag sind sie jemand anderes. Sie haben ihre eigene Seite der Straße zu säubern und du hast deine.

Stelle dir vor, du könntest dein emotionales Wohlbefinden in jedem Moment ändern. Wenn du in eine negative Situation gerätst, kannst du nach unten greifen und dich herausziehen. Wenn dir jemand in die Quere kommt und du durch sein Verhalten oder seine Handlungen vor Wut ins Schwitzen gerätst, kannst du deinen Geist beruhigen und deinen Zustand auch unter den schlimmsten Umständen in den Griff bekommen. Ich weiß, das klingt wie ein Traum, aber glaube mir, ich hatte im Laufe der Jahre großen Erfolg - und Misserfolg - damit.

Aus der Neurowissenschaft wissen wir heute, dass unser Gehirn körperliche Muster mit den Gewohnheiten, die wir regelmäßig ausüben, verknüpft. Wenn du also die Angewohnheit hast, plötzlich wütend zu werden oder die Beherrschung zu verlieren, wird dieses Verhalten aufgezeichnet und wird umso stärker, je öfter du es praktizierst.

Denke nun an die Denkmuster, die du hast und die direkt mit deinen Gefühlen zusammenhängen. Wenn du jeden Tag mehrmals dasselbe Muster anwendest, schaffst du eine starke Bindung, die unzerstörbar wird. Die einzige Möglichkeit, sie zu durchbrechen, besteht darin, das Gedankenmuster zu beenden und ein neues aufzubauen.

Schritt eins: Fange den auslösenden Gedanken oder das auslösende Bild ein

Bei diesem Schritt geht es darum, deine Gedanken einzufangen, wenn sie an einem negativen Gedanken hängenbleiben. Stelle dir das folgendermaßen vor: Wenn du dir denselben Film immer und immer wieder ansiehst, verändert sich der Film selbst nicht. Es ist jedes Mal derselbe Film. Unsere Gedanken können sich wie die Szenen eines Films verhalten, sie wiederholen sich ohne Veränderung und verstärken mit jeder Wiederholung begrenzte Überzeugungen.

Schritt zwei: Durchbrechen des begrenzten Denkmusters

Im Laufe der Jahre glauben wir an die Grenzen, die unser Handeln bestimmen. Wenn du dich dabei ertappst, wie deine Gedanken immer wieder denselben Film abspielen, ist das so, als würdest du eine Schere nehmen und den Film durchschneiden. Wenn du dich in einer negativen Schleife befindest, stelle dir vor, dass du eine Schere nimmst und den Film in zwei Teile schneidest. Das stoppt das innere Gezeter.

Schritt drei: Wiederhole diesen Vorgang

Wenn etwas funktioniert, versuche es noch einmal. Übe weiter, bis du deine Emotionen nach Belieben verändern kannst. Deine Emotionen sind mächtig und machen dich aus oder brechen dich.

Wenn du erkennst, wie schnell du deinen eigenen Zustand ändern kannst, gewinnst du ein neues Maß an Vertrauen in deine persönliche Meisterschaft. Du bist nicht länger ein Opfer der Umstände oder der Stimmungsschwankungen anderer Menschen. Du bist nicht vom schlechten Tag eines anderen betroffen.

Übe diese Techniken, und du wirst negative Gedankenmuster ausschalten, bevor sie eine Chance haben, in deinen Geist einzudringen und deinen Tag zu ruinieren.

Kapitel 14: Entwickle die Gewohnheit des absichtlichen Denkens

"Wir können nicht werden, was wir sein müssen, wenn wir bleiben, was wir sind".

- Max Depree

Wenn du an einer Gewohnheit arbeitest, mache dir als erstes zur Gewohnheit, deine Gedanken zu kontrollieren. Dies ist eine der besten Gewohnheiten, die du je entwickeln wirst – mehr noch als Zeitmanagement oder sogar Essgewohnheiten.

Sobald du dir angewöhnt hast, deine Gedanken mit den Informationen zu füttern, die du ihnen geben willst, ergibt sich der Rest von selbst. Betrachte dein Denken als den zentralen Kern für alles andere, was geschieht.

Der Gedanke erzeugt Emotionen. Sie erzeugen Reaktionen und sind für das Reich des Geistes verantwortlich. Menschen, die in einem erfolgreichen Umfeld gedeihen, haben dies erreicht, weil sie kraftvolle Gedanken haben, die sie bei jedem Schritt des Weges leiten.

Wie viele erfolgreiche negative Denker kennst du? Ich kenne nicht allzu viele, aber ich kenne eine Menge positiv denkender Menschen, die hart arbeiten und daran glauben, dass das, was sie tun, etwas bewirkt.

Eine Person, die eine positive mentale Einstellung hat, hat auch ein Muster von starken positiven Gedanken. Ich weiß, dass es tonnenweise Bücher und Material darüber gibt, warum wir unser Leben lang eine positive Einstellung beibehalten müssen. Die Gründe sind offensichtlich. Negative Gedanken sind gefährlich – genauso gefährlich wie Rauchen oder starker Alkoholkonsum. In gewissem Sinne ist negatives Denken auch eine Sucht.

Menschen verfallen in ein Muster, in dem sie auf eine Situation aus einer negativen Sichtweise heraus reagieren, und das wird zu ihrer Standardeinstellung. Wenn du so lebst, wirst du ähnlich negative Menschen anziehen, mit denen du verkehren wirst. Positive Menschen, die optimistisch und glücklich sind, haben keinen Grund und kein Interesse daran, Zeit mit Menschen zu verbringen, die sie runterziehen.

Negative Menschen sind genauso. Wenn sie keine positiven Menschen dazu bringen können, ihr Elend zu teilen, werden sie jemanden finden, der es tut. Gleiches zieht Gleiches an. Man kann das eine oder das andere haben, aber nicht beides.

Wenn deine Standardgewohnheit darin besteht, negativ zu reagieren, ist das in Ordnung. Du kannst sie ändern. Das geht nicht von heute auf morgen, aber wenn du konzentriert bleibst und dich daran erinnerst, die Gewohnheit zu ändern, wirst du sie ändern. Negatives Verhalten macht süchtig und man verfällt ihm leicht. Positives Verhalten macht ebenfalls süchtig, ist aber schwieriger aufrechtzuerhalten, weil man viel Arbeit hineinsteckt.

Eine NMA zu haben, hat keine Vorteile. Du denkst vielleicht: „Das weiß ich schon", aber trotzdem sehe ich jeden Tag viele Leute, die einen großen Stein im Brett haben und jemanden suchen, bei dem sie ihr ganzes Elend abladen können. Es gibt auch einige Leute, die sich für positive Spieler halten, aber das ist in Wirklichkeit eine Illusion.

Wenn du unglücklich, unzufrieden bist, in Angst lebst, an Begrenzungen glaubst oder viel Wut hast und nicht weißt, warum, ist es wahrscheinlich, dass du unter irgendeiner Form von negativer mentaler Einstellung leidest. Und wenn das der Fall ist, ist das in Ordnung. Deshalb sind wir ja hier.

Ich glaube, zu viele Menschen sind Sklaven ihrer eigenen Laster. Sie glauben, dass sie in so vielen Situationen keine Wahl haben. Aber es ist genau das Gegenteil der Fall. Es sind nicht die Situationen, an die wir lernen müssen, uns anzupassen, sondern die Macht unseres Geistes und die Art und Weise, wie er geschult ist, seine Umgebung wahrzunehmen. Du kannst (und solltest) andere nicht kontrollieren, und wenn sie versuchen, dich zu kontrollieren, ist das ihre Entscheidung. Darunter werden *sie leiden.*

Wenn du es nicht schaffst, eine positive Einstellung zu entwickeln, wirst du auch in den meisten anderen Bereichen scheitern. Wenn du dir die schlechte Angewohnheit angewöhnst, nicht an deiner Einstellung zu arbeitest, riskierst du, in eine negative Denkweise zu verfallen. Bedenke dies: Du kannst zwei Wege einschlagen. Der eine Weg führt dazu, starke Beziehungen aufzubauen, einen hochwertigen Lebensstil zu führen und deine Gedanken in Träume zu verwandeln.

Der andere Weg ist das Gegenteil und ist der Weg, den die meisten Menschen leider „unbewusst" wählen, wenn sie den Kontakt zu sich selbst verlieren. An Begrenzungen zu glauben, Worte zu benutzen, die einen selbst und andere erniedrigen oder verletzen, sich zu beschweren und zu streiten oder auf seine Gefühle zu reagieren, ohne nachzudenken, ist der Weg zum Leiden.

Leidest du gerne? Ich kenne niemanden, der das tut, und doch handeln jeden Tag Menschen so, dass sie sich selbst oder anderen Leid zufügen. Die Nachrichten sind voll davon. Unsere

Gemeinschaften sind voll davon. Du kannst mit deinem eigenen Tempel des Erfolgs in deinem Kopf beginnen. Entscheide dich dafür, anders zu sein, und du wirst es sein. Wenn du dich nicht entscheidest, entscheidest du dich standardmäßig für den anderen Weg.

Deine positive Einstellung ist das Fundament, auf dem alles andere aufgebaut wird. Du kannst das Haus deiner Träume nicht auf einem mangelhaften Fundament errichten.

Zentrale Strategien zur Schaffung einer positiven Einstellung

Im Folgenden findest du zwei Strategien für den Aufbau und die Aufrechterhaltung einer positiven Einstellung, die, wenn du sie anwendest, den Verlauf deines Lebens verändern werden.

1. **Bleibe mit deinen Gedanken verbunden.** Beobachte, was mit deinem Denken geschieht, und beginne dann, kleine Anpassungen vorzunehmen. Das wird nicht sofort geschehen. Und selbst Menschen, die sehr positiv, kreativ und erfolgreich sind, müssen einen kühlen Kopf bewahren und die Dinge im Griff behalten. Eine positive Einstellung ist kein Ziel, das erreicht werden muss. Sie ist eine Geisteshaltung, die man sich erarbeiten und dann beibehalten muss. So wie ein Garten nie wirklich frei von Unkraut ist, weil jeden Tag neue Unkräuter wachsen, braucht auch dein Geist ständige Aufmerksamkeit.

2. **Sei aufmerksam.** Wenn sich ein negativer Gedanke einschleicht, lass ihn einfach geschehen. Du kannst nicht gegen alles ankämpfen, und du wirst schlechte Tage haben, an denen die Welt Müll ist und du dich fragst, warum du überhaupt hier bist. Das kann passieren. Wenn du einen dieser "Das Leben ist absoluter Mist"-Tage hast, lasse ihn zu. Es ist auch unrealistisch zu glauben, dass du jeden Tag ein liebevoller, positiver Mensch mit unaufhaltsamem Erfolg sein kannst. Das wirst du nicht sein, aber wenn du dich

darauf trainierst, an den meisten Tagen so zu sein, wirst du am Ende besser dran sein. Habe mal einen schlechten Tag, und dann mach weiter.

Geh das Buch noch einmal durch und schreibe auf, wie du eine positive Denkweise entwickeln kannst. Dankbarkeit, Affirmationen und die Lektüre von Selbsthilfebüchern sind nur einige Möglichkeiten, deine Wachstumsmentalität zu stärken und negative Gedanken loszuwerden. Wenn du nur ein paar der Dinge auf dieser Liste tust, wird das einen großen Einfluss auf deine Lebensqualität haben.

Hier sind weitere Vorschläge für die Erstellung eines PMA:

- Konzentriere dich auf das, was du gerne tust, und fange an, es zu tun.

- Vergiss deine Misserfolge. Behalte sie als Erinnerung und gelernte Lektion, aber sie sind nicht deine Zukunft.

- Suche dir einen Mentor oder Verantwortungspartner. Lerne von dieser Person und tue, was sie getan hat.

- Mache dir die "Wiederholung von Affirmationen" zur Gewohnheit. Führe eine Liste mit Affirmationen oder Zitaten, die du zu Beginn eines jeden Tages lesen kannst. Auf der Rückseite dieses Buches findest du Vorschläge für Affirmationen.

- Tue mindestens einmal am Tag etwas Freundliches.

- Verbringe jeden Abend 30 Minuten mit deinen Gedanken. Schalte alle Geräte und den Fernseher aus und sei 30 Minuten lang mit dir selbst eins.

- Überprüfe ab und zu deinen Wutmesser. Wenn du eine wütende Ader hast, erkenne es an und bereite dich darauf vor, dich zu beruhigen.

- Eine Niederlage ist kein Verlust; das Leben ist keine Aneinanderreihung von Siegen. Stehe auf und versuche es erneut.

- Schreibe jeden Tag eine Sache auf, für die du dankbar bist. Tue das, sobald du aufwachst. Es dauert nur 10 Sekunden. Führe eine Dankbarkeitsliste.

- Hänge dein Glück und deine Erfüllung nicht von Dingen ab.

- Niemand kann dich unglücklich oder traurig machen; das ist deine Entscheidung.

- Nimm dir keine Zeit für Leute, die deine Zeit verschwenden wollen.

- Glaube daran, dass Freiheit deine Wahl ist; du kannst deinen Geist entweder befreien oder ihn durch negative Gedanken und Bilder versklaven lassen. Wärst du lieber frei oder ein Sklave deines alternativen Selbst?

Welche Lektionen hast du gelernt? Du kannst sie zu dieser Liste hinzufügen, um dich daran zu erinnern, was du tun kannst und um zu sehen, wie weit du gekommen bist. Nun, da wir die wesentlichen Elemente für die Gestaltung deiner Einstellung kennen, was wirst du mit ihnen tun?

Kapitel 15: Zerstöre deine Ablenkungen

"Eine Möglichkeit, unsere Willenskraft und Konzentration zu steigern, besteht darin, unsere Ablenkungen zu kontrollieren, anstatt uns von ihnen kontrollieren zu lassen.

- Daniel Goldma

Wir alle haben einen "Affengeist" - ein von Buddha geprägter Begriff, der besagt, dass in jedem von uns eine Affenbande steckt, die mit ihren Gedanken Chaos anrichtet.

Dein Affengeist ist die meiste Zeit sehr aktiv, und deine Gedanken konkurrieren um deine Aufmerksamkeit. Dieser chaotische Verstand wird durch Angst, Unaufmerksamkeit und manchmal durch harsche Kritik unterbrochen. Diese Kritik wird oft in Form von negativen Selbstgesprächen an uns gerichtet.

Eine der größten Herausforderungen, denen du dich täglich stellen musst, besteht darin, den Affen in deinem eigenen Kopf zu zähmen.

Das Ende des Affengeists

Die täglichen Ablenkungen, mit denen wir umgehen müssen, stammen alle vom Affengeist. Wie wir in Teil I gesehen haben, ist Achtsamkeit der Weg, um einen ruhigen, friedlichen Geist zu schaffen. Du wirst das Chaos in deinem eigenen Geist nie loswerden, darum geht es nicht. Aber du wirst lernen, wie du deine Gedanken beherrschen und das Gedankenchaos, das die Show beherrscht, beruhigen kannst.

Kannst du dir vorstellen, wo du stehen würdest, wenn du die Ablenkungen ausschalten könntest, die dich von deinen Zielen und deinem wahren Lebenszweck ablenken? Was könntest du erreichen? Wer würdest du werden?

Sich der Dinge bewusst zu werden, die dich ablenken, trägt wesentlich dazu bei, produktiver und weniger chaotisch zu werden. Dieses ständige Muster der Ablenkung und der Jagd nach weißen Kaninchen auf verschiedenen Wegen hat negative Auswirkungen auf unsere Gedanken. Wenn du ständig gegen die Ablenkungen in deiner Welt ankämpfst - und das tun wir alle -, verbraucht das deine Energie und du fühlst dich am Ende des Tages erschöpft.

Affengeist ist das Ergebnis unserer Gedanken, die in den Wind verstreut werden. Hast du schon einmal Blätter gesehen, die im Herbst herumwehen, nachdem sie von einem Baum gefallen sind? So sehen unsere Gedanken aus, wenn wir im Affengeist gefangen sind. Es gibt sehr wenig Sinn und Verstand dafür. Aber es gibt ein System, das wir jetzt einrichten können, um unseren Verstand daran zu hindern, davonzulaufen.

Das Problem ist nicht, dass wir uns leicht ablenken lassen. Es wird immer etwas geben, das unsere Gedanken von dem ablenkt, was wir gerade tun wollen. Das eigentliche Problem liegt bei deinem eigenen Geist. Du musst deinen Geist trainieren, im Augenblick und auf die Aufgabe, an der er arbeitet, fixiert zu bleiben. Das kannst du erreichen, indem du deinen Geist darauf konditionierst, sich auf seine eigentliche Aufgabe zu konzentrieren.

Aber zuerst: Was lenkt dich ab? Einer der Teilnehmer meines Workshops antwortete: "Die Frage ist: Was lenkt mich *nicht* ab?"

Wenn wir überwältigt und belastet sind von der Notwendigkeit, auf alles zu reagieren und jede Angelegenheit als dringend zu behandeln, verlieren wir das Wesentliche der Priorität. Wie können wir unser Denken beruhigen und mehr Kontrolle über unseren eigenen Verstand gewinnen, wenn wir das Gefühl haben, dass Riesen versuchen, unsere mentalen Barrieren zu durchbrechen?

In einem Workshop, an dem ich vor Jahren teilnahm, hatte einer der Referenten die Zuhörer gefragt, woran sie beim Zähneputzen dachten. Jeder musste mindestens einen Gedanken aufschreiben, den er beim Zähneputzen hatte. Die Leute hatten tonnenweise Dinge, mit denen sie sich gedanklich beschäftigten, während sie ihr Weiß abschrubbten.

Hier sind einige Beispiele:

- *Meinen Kindern bei den Hausaufgaben helfen*
- *Den Müll rausbringen*
- *Einen Bericht für morgen vorbereiten*
- *Mit meinem Mann über unsere Finanzen sprechen*
- *Vorbereitungen für die Ferien im nächsten Monat*
- *Was werde ich an meinem nächsten freien Tag tun?*
- *Was passiert, wenn ...?*

Nur einer der Teilnehmer hatte geschrieben: *"Ich denke über meine Zähne nach."*

Der Affengeist ist immer aktiv und möchte beschäftigt sein. Während wir an einer Aufgabe arbeiten, plant unser Verstand bereits eine andere. Es ist, als würde man ein Truthahnessen vorbereiten, und man hat 10 Dinge gleichzeitig im Ofen, die alle sofort erledigt werden müssen!

Wenn wir nicht in den Griff bekommen, was uns ablenkt, erledigen wir die wichtigsten Dinge nicht, weil alles um unsere

Aufmerksamkeit konkurriert. Ziele bleiben unerreicht, die Reinigung wird nicht erledigt, und Antragsformulare, die eigentlich ausgefüllt werden sollten, liegen noch Monate später herum. Ablenkung führt zu ängstlichem Denken, weil wir glauben, dass wir irgendwo anders sein und etwas anderes tun sollten, um uns produktiver zu fühlen.

Der Schlüssel dazu ist die Vereinfachung des Denkens. Mach dem Hamsterrad ein Ende, oder verlangsame es zumindest, damit wir zu Atem kommen können. Gönnen wir den Hamstern eine Pause!

Dies bringt uns zur Kraft des Lebens im gegenwärtigen Moment. Wir wissen, was der gegenwärtige Moment ist. Meditierende sprechen davon, wenn sie in tiefe Meditation gehen. An einem Ort zu verweilen, den Moment zu genießen und die Gedanken loszulassen. Achtsamkeit bedeutet einfach zu beobachten, woran du im gegenwärtigen Moment denkst.

Weißt du, warum das wichtig ist? Zunächst einmal ist die Angst am stärksten, wenn sie auf die Zukunft gerichtet ist. Hier verbringt unsere Sorge die meiste Zeit. Die große "Was wäre, wenn...?"-Frage erwacht zum Leben. Der Affengeist liebt es, sich auf zukünftige Ereignisse zu konzentrieren. Vor allem fixiert er sich auf das, was am Ende passieren wird. Die Angst, nicht genug Geld zu haben, geliebte Menschen zu verlieren, dass ein Haustier stirbt oder dass die Wirtschaft zusammenbricht.

Ich kann die Spannung nehmen und dir sagen, wie viele dieser Ereignisse eines Tages eintreten werden: Alle von ihnen. Wenn du lange genug lebst, wirst du Verluste, Leiden, gute und schlechte Zeiten erleben. Hast du das nicht schon erlebt?

Die Zukunft wird nicht anders sein als die Vergangenheit. Sobald wir dies akzeptieren, können wir aufhören, uns Sorgen zu machen und den Affengeist zum Schweigen bringen. Besser noch, wir bringen ihn für immer zum Schweigen.

Bei der Überwindung der Ablenkungsgewohnheit geht es nicht darum, deine Aktivitäten in den sozialen Medien zu kontrollieren oder die Zeit zu begrenzen, die du vor dem Fernseher verbringst. Es geht vielmehr darum, sich darauf zu konzentrieren, warum wir abgelenkt sind. Wenn du deinen eigenen Geist in Aktion und die Aktivitäten beobachtest, kannst du erkennen, was dich ablenkt.

Du lässt dich vom Chaos ablenken, weil du dich darauf konditioniert hast, glänzenden Objekten nachzujagen. Das Problem ist nicht das Objekt selbst. Es ist unsere Reaktion auf das Objekt, wenn es plötzlich auftaucht.

Ein fokussierter Geist, der darauf trainiert ist, sich zu konzentrieren, kann den ersten Gedanken, der ihm kommt, ignorieren und das Chaos um ihn herum bewältigen. Wenn du deine Gedanken beherrschen und dich weniger vom Chaos ablenken lassen willst, beginnt es mit der Beobachtung deiner Impulsreaktionen.

Dies bringt uns zum Schlüssel, um dein Bedürfnis nach Ablenkung zu verringern: **Der Ablenkungsauslöser.**

Identifiziere deine Auslöser

Dein Geist funktioniert anders als der anderer Menschen, also musst du herausfinden, was dich ablenkt. Die meisten unserer so genannten Ablenkungen sind in Wirklichkeit nur schlechte Gewohnheiten. Denk darüber nach: Fünfzig Mal am Tag deine E-Mails abzurufen, hat nichts mit dem Abrufen deiner E-Mails zu tun. Es ist eine süchtig machende Angewohnheit, die du selbst geschaffen hast. Um sie zu durchbrechen, musst du also erkennen, wann du deinem Drang/Bedürfnis nach sofortiger Befriedigung nachkommst.

Was passiert in dem Moment, in dem du auf eine E-Mail antwortest? Dein Lieblingsklatscher ruft an, um dir von ihrem

Tag zu erzählen? Der Fernseher schaltet sich wie von Zauberhand ein und du beginnst, alte Wiederholungen von "Unsere kleine Farm" zu sehen, anstatt das Buch zu schreiben oder an deinem Online-Geschäft zu arbeiten?

In den meisten Fällen sind wir abgelenkt oder prokrastinieren, weil wir es wollen. Hier sind Ausreden, die wir benutzen, um im Ablenkungsmodus zu bleiben, was unweigerlich zur Prokrastination führt:

- *Wenn ich 30 Minuten fernsehe, kann ich mich besser entspannen, bevor ich trainiere.*
- *Ich werde es morgen tun, weil ich mich dann energiegeladener fühle.*

Und so geht es weiter ...

Dein Geist ist eine rastlose Maschine. Er will beschäftigt sein, und das ist auch gut so. Aber ohne etwas, auf das du dich konzentrieren kannst, stellt sich Langeweile ein und das Bedürfnis, diese Langeweile und Unruhe zu lindern, wird stärker.

Wenn du schon einmal versucht hast, etwas zu widerstehen, weißt du, dass es umso schwieriger wird, je mehr du dich anstrengst. Einem Snack? Fernsehen gucken? Eine neue Gewohnheit beginnen? E-Mails checken?

Dein Geist, und damit auch dein Denken, ist fest verdrahtet, um auf Reize zu reagieren. Dein Stimulus ist ein anderer als meiner, aber wir haben beide unsere Auslöser, die uns in Gang setzen.

Meine spontane, impulsive Handlung bestand darin, den Fernseher einzuschalten - auch wenn ich gerade mit etwas anderem beschäftigt war. Dann vergingen 30 Minuten, und als ich versuchte, zu dem zurückzukehren, was ich gerade tat, hatte ich den Schwung verloren. Dann wurden meine Gedanken wieder angeregt, und da ich bereits eine Stunde vor dem

Fernseher verbracht hatte, warum sollte ich nicht auch meine E-Mails abrufen? Die Spirale begann, und von da an habe ich, wie du dir vorstellen kannst, nicht mehr viel geschafft.

Erstelle nun eine Liste der Auslöser, die dich zum Scheitern verurteilen. Wie kannst du diesen Auslöser unterbrechen, indem du den Mechanismus beseitigst? Ich würde zum Beispiel unter der Woche den Fernseher ausstecken und die Fernbedienung weglegen. Wenn es darum ging, alle 10 Minuten meine E-Mails zu checken, würde ich die offene Registerkarte meines Browsers entfernen, denn jedes Mal, wenn ich darüber scrolle, checke ich meine E-Mails. Wenn ich durch ein Verlangen nach Zucker abgelenkt wurde, habe ich angefangen, Obst in der Nähe aufzubewahren, anstatt eine Schublade voller Snacks.

Erkenne deinen Auslöser und bereite dich darauf vor, damit umzugehen, bevor es dazu kommt. Wenn du das Bedürfnis hast zu reagieren, kannst du eine gesündere Alternative finden. Langeweile kann durch das Lesen eines Buches ersetzt werden. Weißt du, warum die meisten Menschen heutzutage süchtig nach Smartphones sind? Sie haben eine sofortige Befriedigung gefunden, die das Gefühl der Langeweile, das sie empfinden, beseitigt.

Tatsächlich ist Langeweile der Hauptgrund, warum wir in Süchte und zwanghafte Gewohnheiten verfallen. Warum sollte man sich langweilen, wenn man stimuliert werden kann? Aber wenn die Stimulation nachlässt, wie fühlst du dich dann? Für eine kurze Zeit erleichtert. Dann beginnt der Kreislauf von neuem.

Ich habe die Kindle-App auf allen meinen Geräten, auch auf meinem Handy. Wenn mich der Drang packt, E-Mails oder soziale Medien zu checken, kann ich die App öffnen und stattdessen ein Buch lesen. Das ist eine bessere Alternative zum Zählen von Likes auf Facebook.

Wenn es um deine Geräte geht, entweder dein Telefon oder dein Tablet, entferne die Apps, die Müll sind. Du brauchst keine sozialen Medien auf deinem Telefon. Ich habe all das entfernt und verbringe seitdem weniger Zeit damit, zu blättern und zu wischen und nach etwas zu suchen, das mir Kraft gibt. Meine Kraft kommt jetzt aus dem Wissen, dass ich diese Impulse kontrollieren kann.

Prüfe deine Emotionen und stelle dich darauf ein, wie du dich fühlst. Wenn du reizbar, launisch oder ruhelos bist, ist dies die beste Zeit, um zu fliehen. Die Frage ist also, wohin wir fliehen?

Prokrastination ist ein großer Affe

Wenn du dich leicht ablenken lässt, könnte dies ein Grund dafür sein, die Gewohnheit des Zauderns zu entwickeln. Mach dir klar, dass es nicht deine Umgebung ist, die dich ablenkt. Du suchst nach einem Grund, dich ablenken zu lassen.

Dein Bedürfnis und dein Wunsch zu prokrastinieren sind ein großer Affe, der nach allen möglichen Gründen sucht, um sich von den Aufgaben, die du erledigen solltest, abzulenken. Dein Geist sucht nach etwas, das ihn stimuliert.

Wenn du etwas zu tun hast, es aber nicht tun willst, wirst du etwas finden, das dich von dieser Aufgabe ablenkt.

Deshalb musst du ...

an einem spezifischen Ziel arbeiten.

Wir haben die Zielsetzung im Abschnitt Fokus behandelt, aber nur für den Fall, dass du eine Erinnerung brauchst: **Wenn du dir zielgerichtete Aufgaben setzt, bleibst du auf Kurs.** Menschen, die klare Ziele haben, von denen sie begeistert sind, lassen sich weniger ablenken und sind motivierter, auf Kurs zu bleiben. Der Affengeist kommt mit Zielen nicht gut zurecht. Er bevorzugt das Chaos des Multitasking und die alles verzehrende Beschäftigung mit dem Verstand. Aber wir wollen, dass der Affengeist einen Spaziergang macht.

Setze dir zu Beginn eines jeden Tages drei konkrete Ziele. Das kann so einfach sein wie das Lesen von 10 Seiten aus dem Buch der Woche. Aber sei bei deinen Zielen konkret.

Meine Ziele für heute sind zum Beispiel:

1. Schreibe 1000 Wörter für mein nächstes Buch;
2. Mache ein 20-minütiges Medizinball-Training; und
3. Maile drei Personen für ein Interview mit einem Gastbeitrag.

Ein unruhiger Geist kann dazu führen, dass man sich langweilt und sich nach etwas umschaut, das einen unterhält. Ein bestimmtes Ziel zu haben, auf das man hinarbeitet, macht es zur Gewohnheit, sich zu konzentrieren und diese Ablenkungen auszublenden. Denke daran: Wenn wir uns langweilen oder unruhig sind, lassen wir uns ablenken.

Deine Ziele werden dich auf dem richtigen Weg halten. Setze dir drei Ziele pro Tag. Wenn dir das zu viel erscheint, setze dir nur ein Ziel. Aber denke daran: Wenn du dich auf nichts konzentrieren musst, kannst du in deiner Freizeit alles tun.

Wusstest du, dass über 90 Prozent der Menschen, die du täglich siehst, keine Ziele haben? Ist es da ein Wunder, dass sie nach etwas suchen, das sie beschäftigt? Das Fehlen von Zielen führt zu Gefühlen der Verzweiflung und Sorge. Ohne ein Ziel, auf das man sich konzentrieren kann, klammern sich die Gedanken an die schwächeren Glieder, wie z. B. Ablenkungen, die zur Prokrastination führen.

Deine Ziele könnten sein:

- Recherchen zu einer neuen Geschäftsidee, die du entwickelt hast;
- 10.000 Schritte pro Tag gehen;
- Neue Rezepte erstellen oder ein entdecktes Rezept ausprobieren;
- Einen Finanzplan für deine Familie erstellen;
- Teilnahme an einer Reihe von Online-Kursen zur Verbesserung deiner technischen Fähigkeiten; und/oder
- Ein Buch schreiben oder an einem Blogbeitrag arbeiten.

Blockiere deine Zeit in 15-Minuten-Schritten

Zeit ist ein kostbares Gut. Sie ist wertvoller als Geld, weil sie nicht ersetzt werden kann. Wenn deine Zeit einmal weg ist, ist sie für immer weg. Wer hat schon Zeit, die er mit langweiligen Aufgaben vergeudet, wenn er das tun könnte, was er liebt? Aber das ist gar nicht so einfach, wenn es so viel auf einmal zu tun gibt.

Der Affengeist lebt dafür. Er will, dass du Multitasking betreibst und so viel oder so wenig wie möglich tust. Also habe ich angefangen, meine Zeit in kleine Abschnitte zu unterteilen - 15-Minuten-Abschnitte, um genau zu sein.

Warum 15 Minuten?

Nun, es reduziert das überwältigende Gefühl, sich zu sehr zu etwas Großem zu verpflichten. Hast du dir schon einmal gesagt: "Heute werde ich drei Stunden lang an (wähle hier eine Aktivität aus) arbeiten", nur um am Ende viel weniger zu tun, als du erwartet hattest? Wie wir bereits wissen, ist es schwer, sich zu konzentrieren. Fang klein an.

Suche den kleinsten gemeinsamen Nenner. Du kannst 15 Minuten lang alles tun, oder? Du kannst sogar in der Stille sitzen und über deine Gedanken nachdenken.

Verwende einen Timer und stelle ihn auf 15 Minuten. Entscheide, woran du 15 Minuten lang arbeiten willst.

Du wirst:

- Meditieren?
- Mit dem Schreiben eines Blogbeitrags beginnen?
- Die E-Mail verschicken, die du aufgeschoben hast?
- Einem Stück klassischer Musik lauschen?

Das Ziel ist es, deinen Geist zu disziplinieren, um an einer Gewohnheit festzuhalten. In diesem Fall eine Gewohnheit, innerhalb eines kurzen Zeitraums zu arbeiten. Indem du diese Gewohnheit auf 15 Minuten beschränkst, verpflichtest du dich nicht zu sehr und machst dir keinen Stress, weil du nicht aktiv wirst.

Konzentration auf eine einzige Aufgabe

Multitasking funktioniert nicht, und du bist nicht produktiver, wenn du an mehreren Dingen gleichzeitig arbeitest. Um wirklich effektiv zu sein, kann dein Geist alles erreichen, wenn du dich nur auf eine Aufgabe zur gleichen Zeit konzentrierst.

Wenn du an einem Projekt arbeitest, das mehrere Schritte umfasst und mehrere Monate in Anspruch nehmen wird, unterteile es in Teilschritte und Mini-Aktionen. Plane deine Aktionen im Voraus, wisse, woran du arbeitest, und verpflichte dich dann, diese eine Aktion in der vorgesehenen Zeit durchzuführen.

Sei dir deiner Furcht bewusst

Ein Grund, warum wir uns ablenken lassen, ist, dass wir den Kontakt zu unserem emotionalen Programm verlieren. Wenn man sich langweilt, möchte man unterhalten werden. Wenn du dich ängstlich fühlst, würdest du dich lieber ablenken lassen, um mit der Angst fertig zu werden.

Furcht erzeugt ängstliches Denken. Und wenn du ein nervöser oder ängstlicher Mensch bist, hast du mehr Ängste als andere. Wenn ich ängstlich bin, werde ich unruhig und gelangweilt. Ich suche nach etwas, das mich beruhigt, und das kann zu schlechten Entscheidungen führen.

Wenn das passiert, kannst du dich selbst beruhigen, indem du ein Lieblingsmusikstück hörst oder tief atmest. Ich würde empfehlen, den Fernseher NICHT einzuschalten oder den Computer zu benutzen, wenn du Angst hast.

Betäubende Aktivitäten helfen dir zu entkommen, aber die gleichen Emotionen sind immer noch da und suchen nach einem Grund für ihre Existenz. Seine Gefühle zu beherrschen ist eine erstaunliche Form der Selbstkontrolle.

Wenn du lernst, deine Handlungen zu lenken, statt nur etwas aus Gewohnheit zu tun, erhältst du mehr Kontrolle über dein Leben und deine Entscheidungen.

Führe ein Zieltagebuch

Ich habe in diesem Buch schon mehrmals über die Bedeutung von Zielen gesprochen, du weißt also, wie ernst es mir mit der Erstellung eines Ziels ist. Das Führen eines Zieltagebuchs ist ein guter erster Schritt.

In diesem Tagebuch kannst du die Ziele, an denen du arbeitest sowie Notizen zu deinen Fortschritten und Herausforderungen auf dem Weg dorthin festhalten. Du kannst dein Tagebuch auch mit positiven Zitaten und Affirmationen füllen.

Nimm dir am Ende des Tages ein paar Minuten Zeit, um dein Tagebuch durchzulesen. Setze Prioritäten für die Miniaufgaben, an denen du arbeitest, damit du weißt, dass du an etwas arbeitest. Erstelle eine Checkliste mit deinen Zielen und täglichen Aufgaben. Nimm dir jeden Morgen oder Abend Zeit, um in dein Tagebuch zu schreiben.

Ich setze mir jeden Tag ein neues Ziel, und sei es auch nur ein kleines. Nach sechs Monaten hatte ich über 200 aufgeschrieben. Wenn du dich ablenken lassen willst, konzentriere dich darauf, diese Ziele zu setzen und darauf hinzuarbeiten.

Kapitel 16: Trainiere dein Gehirn neu, um negatives Denken zu eliminieren

"Um eine positive Aktion durchführen zu können, müssen wir hier eine positive Vision entwickeln.

- Dalai Lama

Wie wir gelernt haben, haben unsere Gedanken einen direkten Einfluss darauf, wie wir leben. Unsere Lebensqualität lässt sich auf die Qualität unserer eigenen Gedanken zurückführen. Aber wie oft bist du in einer negativen Gedankenschleife gefangen, die immer weiterläuft? Wie viel geistige Energie wird damit verbracht, alte Kassetten aus der Vergangenheit abzuspielen und den kritischen Stimmen zuzuhören, die das Gefühl haben, das Sagen zu haben?

Beseitige negatives Denken und übernimm die Kontrolle über deine Gedanken

So wie eine positive Einstellung dich mit kreativer Energie füllt, so zehrt deine negative Einstellung und die damit verbundenen Gedanken an deiner geistigen und körperlichen Energie. Du fühlst dich lethargisch, bekommst häufiger Kopfschmerzen und bist weniger motiviert, zu arbeiten, zu spielen oder mit anderen zu interagieren.

Du konzentrierst dich auf das, was du nicht magst, wen du verärgerst, was du nicht hast und wie schlecht das Leben für dich gelaufen ist. Negatives Denken ist Gift für deinen Geist.

Deine Aufgabe: Beseitige diesen Mist.

Aber nicht nur die Psyche ist betroffen. Auch deine Physiologie ist betroffen. Negative Gedanken machen dich häufiger krank, und weil du denkst, dass du depressiv bist, nimmst du vielleicht Medikamente. Doch anstatt die wirklichen Kernprobleme zu überwinden, bleibst du deprimiert und lebst weiter in einer Welt der Negativität.

In den meisten Fällen ist es nicht dein Umfeld, das sich ändern muss. Es sind nicht die anderen Menschen, die sich bessern und dich besser behandeln müssen. Du brauchst nicht zu hoffen, dass die Dinge besser werden, denn das werden sie nicht. Du *machst* die Dinge besser, indem du dich entscheidest, deine Gedanken zu ändern.

Negative Gedanken - genau wie positive - entstehen nicht zufällig. Wir erschaffen unser eigenes Unglück, genauso wie wir unser eigenes Glück erschaffen. Erstaunlicherweise glauben viele Menschen, dass Glück entsteht, wenn alles perfekt läuft oder wenn wir endlich alles bekommen, was wir uns im Leben wünschen.

Bis dahin bleiben wir neutral oder unglücklich, kämpfen uns durch den Tag und hoffen auf das Beste. Negative Gedanken gedeihen in dieser Umgebung. Deine negative Persönlichkeit sucht nach einem Grund, um zu existieren. Wenn du dich auf das konzentrierst, was du nicht hast, wie schlecht die Wirtschaft ist oder wie schlecht deine Situation ist, öffnest du deinen negativen Gedanken die Tür, um die Kontrolle zu übernehmen.

Hier ist, was S.J. Scott über negative Gedanken sagt, aus seinem Buch *Declutter Your Mind* mit Barrie Davenport:

"Viele Menschen gehen als Opfer ihrer negativen Gedanken durchs Leben. Sie haben das Gefühl, dass sie keine Kontrolle über die Gedanken haben, die sich in ihrem Gehirn festsetzen - und schlimmer noch, sie glauben den "Stimmen" in ihrem Kopf, die ihnen sagen, dass der Himmel einstürzt. "

Auch wenn es sich ganz natürlich anfühlt, sich Sorgen zu machen und zu verzweifeln, verstärkt das negative Denken, indem du es nicht hinterfragst und deine Gedanken als deine Identität akzeptierst. Aber du hast es in der Hand, diese Tendenz zu erkennen und sie zu ändern, indem du die Gewohnheit des Reframings entwickelst.

Von nun an möchte ich, dass du negative Gedanken als Eindringlinge betrachtest, die Platz in deinem Kopf einnehmen. Wenn sie dort bleiben, wirst du weiterhin vergangene Misserfolge wiederholen. Schmeiß jeden dieser Eindringlinge aus deinem Kopf, sobald er auftaucht.

Wenn du das nicht tust, wirst du deine Ziele nicht erreichen, und jede Maßnahme, die du ergreifst, wird sich wie ein harter Kampf anfühlen. Negatives Denken ist mächtig, aber denk daran, dass du dafür verantwortlich bist, es zu nähren. Du erschaffst deine eigenen Gedanken - gute oder schlechte.

Was passiert, wenn wir negative Gedanken in unser Denkparadigma einbauen? Die Welt wird zu einem dunklen, schmerzhaften Ort. Für mich ist es Leiden, wenn ich zulasse, dass die Dämonen der Negativität die Kontrolle über meine Gefühle übernehmen.

Wenn man in einer negativen Stimmung feststeckt und glaubt, es gäbe keinen Ausweg, hört man auf, nach einem Ausweg zu suchen. Ich kenne niemanden, der absichtlich leiden *will*.

Doch unser negatives Denken ist genau das: eine Form der Selbstzerstörung. Für viele Menschen gibt es Tage - und sogar

Wochen - an denen es nicht gut läuft. Negative Gedanken können durch eine Familienkrise, ein Trauma am Arbeitsplatz, eine schmerzhafte Trennung oder eine finanzielle Belastung ausgelöst werden. Das Leben ist nicht fair, aber was *ist das schon*? Wenn alles perfekt läuft und wir alles bekommen, was wir wollen, ohne dafür arbeiten zu müssen?

"Das Leben ist nicht fair." Dies ist eine Aussage an das Universum, die besagt: "Ich bin ein Opfer in diesem Leben und ich verdiene etwas Besseres. Die Menschen, die etwas Besseres verdient haben, sind die, die *es besser machen*. Herumsitzen und auf Veränderung warten ist wie die Erwartung, im Lotto zu gewinnen, wenn man nicht einmal Lottoscheine kauft.

Schauen wir uns an, wie du dein Gehirn umtrainieren kannst, um anders zu denken. Man ist nie zu alt, zu gebildet oder zu gut, um seinen Verstand zu ordnen und sich von den negativen Einflüssen zu befreien, die sich in deinem Kopf festgesetzt haben.

Stell dir das wie einen neuen Garten vor, in dem du hart gearbeitet hast, um deine Samen zu pflanzen und wachsen zu lassen. Am nächsten Tag ist der Garten von Unkraut verdorben. Würdest du weggehen und zulassen, dass es wächst und deine ganze Arbeit zerstört? Nein, natürlich nicht.

Wie **James Allen** sagte:

> *"Der Mensch entdeckt früher oder später, dass er der Gärtnermeister seiner Seele ist, der Regisseur seines eigenen Lebens."*

Du bist der Meistergärtner, und dies ist dein Leben. Es gehorcht nicht den Umständen, und du bist nicht gezwungen, etwas zu tun, was du nicht tun willst. Deine Gedanken - und die Handlungen, die du auf der Grundlage deiner Gedanken ausführst - bestimmen deine Zukunft. Du wirst immer das tun, was dein Verstand dir befiehlt zu tun. Aber wer gibt die Befehle?

Du selbst.

Schauen wir uns an, wie du und ich von den zufälligen Gedanken betroffen sind, die einfach auftauchen und alles ruinieren. Die meisten deiner Gedanken sind so normal (für dich), dass du sie wahrscheinlich nicht einmal hinterfragst. Aber das sind die Bereiche unseres Denkens, denen wir am meisten Aufmerksamkeit schenken müssen. Das, was wir als "natürlich" akzeptieren, ist am schwersten zu ändern, weil wir es nicht immer sehen können.

Manchmal werden andere darauf hinweisen. Sie sagen vielleicht: "Hey, du bist manchmal wirklich unhöflich", oder Schlimmeres. Aber wenn wir es nicht einmal erkennen, werden wir die Behauptung zurückweisen und uns weiterhin wie ein Idiot verhalten. Stell dir vor, du könntest nur einen einzigen Weg in deinem Kopf ändern. Was könntest du erreichen?

Denn genau das sind mentale Blockaden: Hindernisse, die sich festsetzen, weil wir nicht die Mittel haben, sie zu beseitigen.

Aber jetzt wissen wir es. Du hast dieses Buch und das dazugehörige Material, also kannst du es ändern - und das wirst du auch! Nichts ist unmöglich - es sei denn, dein Verstand sagt dir, dass es unmöglich ist.

Lass uns nun in die Strategien eintauchen, mit denen du dein Gehirn umschulen kannst, um deine negativen Gedanken zu erkennen und deine mentalen Blockaden zu lösen. Dann wirst du eine Freiheit erfahren, wie sie sonst nirgendwo zu finden ist ...

Die Gefahr des negativen Denkens

Wir wissen, dass negatives Denken nicht gesund ist. Es ist ja nicht so, dass wir jeden Morgen aufwachen und beschließen, den heutigen Tag zum schlimmsten Tag zu machen, den wir je hatten. Aber genau das tun Millionen von Menschen jeden Tag. Sie gehen durch ihr Leben und hören auf die giftigen Stimmen in ihrem Inneren, glauben an die Kritik und die ängstlichen Gedanken, die uns Sorgen und Ängste bereiten.

Woher kommt deiner Meinung nach die Sorge? Sorgen sind das Ergebnis von Angst vor der Zukunft. Die Angst spielt eine große Rolle in deiner Vergangenheit. Du weißt, dass du nicht ändern kannst, was gesagt und getan wurde, also bleibst du dort und versuchst zu klären, was passiert ist, wiederholst wütende Gespräche und hältst an alten Ressentiments fest.

Unsere Gedanken sind gefährlich, wenn wir ihnen freien Lauf lassen. Am Ende sabotieren wir das, was glorreiche Momente sein könnten, und zerstören Erinnerungen im Handumdrehen. Denk einmal darüber nach: **Deine Gefühle folgen immer deinen Gedanken.**

Stell dir vor, du gehst wütend durchs Leben. Jeden Tag bist du wütend, ängstlich und verängstigt. Und jetzt geh einen Schritt weiter. Weil du immer wütend bist, lässt du es an deiner Familie oder einem Haustier aus. Wie reagierst du, wenn diese etwas tun, was dich verärgert? Mit Wut. Deine negativen, wütenden Gedanken schaden nicht nur deinem eigenen Geist.

Du kannst diese Macht in der Welt ausüben, indem du sie an die Öffentlichkeit bringst. Bald verschwinden die Menschen um dich herum. Sie erinnern sich an dich als die Person, die immer schlechte Laune hatte. Was erzeugt eine Stimmung? Die Gedanken, die du die ganze Woche über gedacht hast.

Erkenne deine negativen Gedanken, ändere sie Tag für Tag, und allmählich wird dein Leben eine bessere Erinnerung werden. Du wirst Menschen anziehen, anstatt sie zu vergraulen. Denke daran, dass deine äußere Realität immer deine inneren

Gedankengänge widerspiegelt. Was du den ganzen Tag über denkst, macht dich zu dem, was du bist.

Es ist ein so einfaches Konzept. Die Leute denken, sie müssten alles herausfinden und das Problem an der Wurzel packen. Und was tun sie? Sie erwarten, dass die andere Person sich ändert, damit sie sich besser fühlen können. Hast du noch nie zu dir selbst gesagt: "Ich würde mich nicht so fühlen, wenn er nur ..."

Die Welt und die Menschen in ihr sind dir nichts schuldig. Niemand wird einsehen, dass sie sich irren, selbst wenn du sie darauf hinweist. Es liegt an dir, einen Sinn in deinen eigenen Denkmustern zu finden und zu versuchen, sie zu ändern. Und mit ändern meine ich, deine Gedanken zu ändern. Ich weiß, das ist leichter gesagt als getan, oder? Aber nicht unmöglich. Menschen ändern sich jeden Tag. Es kann Monate dauern, bis man Ergebnisse sieht, aber es beginnt jetzt.

Zusammenfassend lässt sich sagen, dass negatives Denken Folgendes bewirkt:

- Sabotiert deine Zukunft;
- Zerstört potenziell gute Erinnerungen;
- Zerstört deine körperliche und geistige Gesundheit;
- Erzeugt Ärger, der Beziehungen sabotiert;
- Erhöht die Wahrscheinlichkeit einer Depression;
- Macht uns unruhig und reizbar; und
- Erzeugt Gefühle der Verzweiflung.

Negative Phrasen entfernen, die dich festhalten

Wie viele negative Sätze kannst du an einem Tag zählen? Ich wette, du hast genauso viele wie ich, und ich erwische mich selbst dabei, wie ich viele von ihnen benutze. Aber diese negativen Assoziationen bleiben haften, weil wir rechtfertigen, dass wir benutzt oder missbraucht werden.

- "Wenn er/sie nur aufhören würde ..."
- "Ich kann nicht glauben, dass er/sie das getan haben. Jetzt bin ich am Arsch."
- "Bei mir klappt nie etwas. Ich habe es dir gesagt."
- "Er macht mich so wütend."
- "Alles wäre so perfekt, wenn nur ..."
- "Alles, was ich will, ist (trage hier deinen Wunsch ein) und dann bin ich glücklich."
- "Siehst du, wie viel sie hat und wie wenig ich habe?"
- "Das Leben ist einfach nicht fair."
- "Manche Menschen haben einfach Glück."

Die Rolle des Opfers bringt dich in eine Machtposition. Du willst recht haben und die anderen haben unrecht. Du möchtest verstanden werden, obwohl das Missverständnis bei der anderen Person liegt. Du möchtest eine Entschuldigung dafür, dass dir Unrecht getan wurde, damit du rechtfertigen kannst, dass du immer im Recht bist.

Gehe folgendermaßen vor. Nimm ein kleines Notizbuch mit. Du kannst ein Tablet verwenden, aber ich bevorzuge echtes Papier, weil man digitales Material leicht verliert. Wenn du im Laufe des Tages anfängst, dich zu beschweren oder eine deiner negativen Phrasen zu verwenden, schreib sie auf. Und zwar genau hier. Dadurch wird dir bewusst, was du denkst und sagst, was deinen Selbstmitleid-Zug in Bewegung hält.

Selbstmitleid ist eine weitere Form des negativen Denkens. Es spinnt ein Netz von Lügen, das uns sagt: "Wenn ich das Opfer bin, muss ich nichts tun." Benutze dein Notizbuch, um die von dir verwendeten Phrasen zu identifizieren. Zähle dann die Phrasen auf, die du am häufigsten verwendest. Jeder hat mehrere, die er immer wieder gerne benutzt.

Entmachte deine innere Stimme

Wir alle haben eine große, laute innere Stimme. Du kannst diese Stimme deutlich hören, wenn du etwas Neues ausprobierst, wenn du scheiterst oder wenn du Angst hast. Es ist die Stimme der Selbstsabotage, und sie ist nicht sehr freundlich. Diese Stimme ist dein Verstand, der dich mit Lügen füttert, und das hat er schon immer getan. Sie ist stark, weil du ihr so lange zugehört hast, dass sie normal klingt.

Um diese Stimme zum Schweigen zu bringen, musst du sie durch eine andere Stimme ersetzen - deine wahre Stimme. Es ist die Stimme des Mitgefühls. Es ist die Stimme, mit der du geboren wurdest, nicht der gequälte Dämon, der in deinem Kopf herumläuft und versucht, Unheil anzurichten.

Wenn deine Gedanken so ungeordnet sind, scheint es, als hättest du wenig bis keine Kontrolle über sie. Aber das ist nicht wahr. Du kannst die Achterbahn der entmündigenden Gedanken jederzeit stoppen. Du hast die Macht, den Schalter umzulegen und deinem inneren Kritiker ein Ende zu setzen. Es mag viele Anläufe brauchen, aber jedes Mal, wenn er sich zu Wort meldet, schaltest du ihn aus.

Erkenne, wer und was negative Gedanken auslöst.

Die meisten deiner negativen Gedanken sind an eine Person, einen Ort oder eine Situation gebunden, die als Auslöser fungiert. Wenn es sich um eine Person handelt, könnte es dein Ehepartner, dein Nachbar oder dein Kollege/Manager sein. Manchmal genügt ein einziger Gedanke an diese Person, um dich auf eine negative Fährte zu schicken, die deinen ganzen Tag entgleisen lassen kann.

Wenn du dich auf das Objekt deiner Wut und deines Grolls konzentrierst, nährst du die negative Energie, die sie am Leben erhält. Du kannst so viel beschuldigen, kritisieren und verurteilen, wie du willst, aber der Einzige, der darunter leidet, bist du selbst.

"Dein Geist ist die Grundlage für alles, was du erlebst, und für jeden Beitrag, den du zum Leben anderer leistest. Angesichts dieser Tatsache ist es sinnvoll, ihn zu trainieren."

- Sam Harris

Ich kenne einen Mann, der wegen eines Missverständnisses mit seinem Arbeitgeber entlassen wurde. Er war monatelang wütend. Wenn er an dem Gebäude vorbeifuhr, in dem sich das Unternehmen befand, wurde er feindselig und gewalttätig und entwickelte einen tiefen Groll. Was war der Auslöser? Er ist absichtlich an dem Gebäude vorbeigefahren und hat seine negative Energie freigesetzt. Als er diesen Auslöser erkannte und diese destruktive Angewohnheit abstellte, wurden die negativen Gedanken allmählich durch eine bessere Einstellung ersetzt, die sich darauf konzentrierte, einen besseren Arbeitsplatz zu finden.

Vielleicht denkst du über eine Trennung nach, hegst einen Groll gegen deine Eltern oder überlegst, wie du dich an jemandem rächen kannst, der dich emotional oder finanziell verletzt hat. Auslöser bereiten uns auf Misserfolge vor und ziehen uns in die Tiefen negativer Vorurteile. Wir können uns alle möglichen Gründe ausdenken, um an unseren Ressentiments festzuhalten. Aber das Einzige, was wir damit erreichen, ist, unser eigenes Elend zu nähren.

Notiere dir, was dein Auslöser ist, ob es sich um eine Person oder einen Ort handelt, und beginne, diese Gedanken aus deinem Kopf zu entfernen.

Hier ist eine Idee: Versuche den Gummiband-Trick. Lege 5-10 Gummibänder um dein Handgelenk. Wenn du an einem negativen Gedanken hängen bleibst, nimm eines der Bänder und lege es um dein anderes Handgelenk. Das ist eine großartige visuelle Hilfe, um dir zu zeigen, wie viele negative Gedanken du hast und wie weit du dabei bist, diese Gedanken zu zerstören.

Engagiere dich weiterhin mit positiven Maßnahmen

Die Arbeit an einem Projekt oder einem Hobby, das du mit Leidenschaft betreibst, hält negative Gedanken aus deinem Kopf fern. Es ist schwer, schlechte Gedanken aufkommen zu lassen, wenn man glücklich ist und an etwas arbeitet, das für einen selbst von Bedeutung ist.

Beispiele hierfür sind:

- Eine weitere Sprache lernen
- Ein Musikinstrument lernen
- Anregende Musik hören
- Ein Buch schreiben
- Einen Geschäftsplan erstellen
- Reparaturen zu Hause durchführen
- Ein Buch lesen
- Daran arbeiten, was du erreichen willst

Positives Handeln ist der beste Weg, um engagiert zu bleiben, und wenn dein Geist mit einer kreativen Tätigkeit beschäftigt ist, haben negative Gedanken weniger Chancen, deinen geistigen Raum zu besetzen.

Identifiziere deine gemeinsamen Bedenken. Jeder macht sich über irgendetwas Sorgen. In der Tat ist es fast unmöglich, sich das Sorgenmachen abzugewöhnen. Das Beste, was du tun kannst, ist, die Zeit, in der du dich Sorgen machst, zu reduzieren.

Weißt du, über welchen Bereich deines Lebens du dich am meisten Sorgen machst? Wir alle haben Dinge, die uns Stress bereiten, und wenn das passiert, klammern sich unsere Gedanken an die Ungewissheit der Zukunft. Mach dir Gedanken über Folgendes:

- Genug Geld für den Ruhestand haben;
- Die Zukunft deines Kindes;

- Jemand plant den Bau eines Hochhauses in deiner ruhigen Nachbarschaft
- Die nächste Wahl?

Während die meisten unserer Sorgen flüchtig sind und nur wenige Minuten dauern, sind es deine chronischen, sich wiederholenden Sorgen, auf die du dich konzentrieren willst. Wie oft am Tag machst du dir Sorgen, dass du nicht genug Geld hast? Hält es dich bis spät in die Nacht wach? Bekommst du Kurzatmigkeit oder Panik, wenn du daran denkst, wie wenig du hast? Reagierst du dann aggressiv?

Die Sorge ist eine Form des gewohnheitsmäßigen Denkens, die uns zum Scheitern verurteilt. Man kann nicht in Gedanken der Sorge gefangen sein und gleichzeitig einen friedlichen Geist haben. Der Weg, die chronische Gewohnheit der Sorge zu beseitigen, besteht darin, auf die Dinge zu reagieren, die einen beunruhigen.

Hast du Angst, dass dir das Geld ausgeht? Informiere dich über Finanzplanung und erstelle einen Sparplan.

Die Zukunft der Kinder? Sprich mit deinen Kindern darüber, was sie tun wollen. Aber denke daran, dass du dich über etwas sorgst, auf das du keinen Einfluss hast. Es ist sinnlos, sich über die Zukunft Sorgen zu machen. Sie ist eine Grauzone, in der alles passieren kann.

Bleib in der Gegenwart, dann wirst du nicht von beunruhigenden Gedanken verfolgt.

Schluss mit der Etikettierung

Wie oft am Tag bezeichnest du Dinge als gut, schlecht oder hässlich? Hier sind ein paar Beispiele:

- "Sie ist eine echte ..."

- "Ich kann den Kerl nicht ausstehen. Er ist so ein ..."

Du weißt, wie das läuft. Wir urteilen, verurteilen und meucheln den Charakter anderer Menschen. Wir alle haben das schon getan. Manche Menschen tun es jeden Tag. Für andere ist es eine Gewohnheit, die ihre Denkweise zerstört. Ja, das Etikettieren ist die zerstörerischste Form der Negativität, die man praktizieren kann. Du zerstörst den Ruf anderer Menschen, während du fälschlicherweise deinen eigenen aufbaust.

Wenn du frei von Negativität sein willst, muss die Etikettierung aufhören. Ich meine nicht, dass du sie einfach halbieren sollst, sondern sie loswerden musst.

Aber was ist, wenn dich jemand wütend macht? Oder dich beleidigt? Oder etwas tut, wie dich abzuzocken oder dich im Straßenverkehr zu schneiden?

Du hast recht. Die Menschen verhalten sich ständig respektlos, arrogant und böswillig. Willkommen in der realen Welt. Nicht jeder ist nett. Aber willst du deine mentale Stärke wegwerfen, indem du dich zu einer Etikettierung herablässt?

Es ist besser, jemanden auf seine Handlungen anzusprechen, als ihn für seine Handlungen zu verurteilen. Denke daran, dass das Verhalten von Menschen nicht immer ihren wahren Charakter widerspiegelt. Menschen machen Fehler, tun Dinge, die nicht ihrem Charakter entsprechen, und reagieren auf der Grundlage ihrer Erfahrungen in einer Situation.

TEIL IV:
Die **vier Säulen** des strategischen Denkens

Kapitel 17:
Säule 1 - Fokussierte Konzentration und Kanalisierung des Flows

"Die größte Macht kommt von der Macht der Gedanken. Je subtiler das Element, desto mächtiger ist es. Die stille Kraft der Gedanken beeinflusst die Menschen sogar aus der Ferne, denn der Geist ist sowohl eins als auch viele. Das Universum ist ein Spinnennetz; die Gedanken sind Spinnen."

- Swami Vivekananda

Im vorherigen Abschnitt haben wir drei kritische Bereiche behandelt. Wir haben gelernt, dass wir unser Gehirn umtrainieren und das negative Denken, das unseren Verstand verdirbt, beseitigen können. Wir können dies tun, indem wir uns auf die positiven Kräfte in unserem Leben konzentrieren und uns dafür entscheiden, der schwächeren Anziehungskraft des Geistes nicht nachzugeben, wenn er von diesen negativen Objekten angezogen wird.

Du hast gelernt, dass die innere Kommunikation, die du mit dir selbst führst, eigentlich dein Verstand ist, der versucht, mit deinen Gedanken, Gefühlen und Emotionen zu kommunizieren. Dieses innere Gespräch ist entweder positiv oder negativ, je nachdem, welche Informationen du ihm gibst.

Vor allem weißt du, dass dein tägliches Leben voller Ablenkungen ist, die dich aus der Bahn werfen. Nicht nur die offensichtlichen wie Ping-Benachrichtigungen oder Geschrei, sondern auch die nicht ganz so offensichtlichen inneren Faktoren, die wir oft vernachlässigen. Du nimmst selten deine eigenen ablenkenden Gedanken wahr, die umherschweben und nach etwas suchen, auf das du deine Energie richten kannst.

Diese Energie kann durch zwei Dinge nutzbar gemacht und kontrolliert werden: Konzentration und Flow.

Stärke deinen Fokus und kanalisiere deinen Flow.

Unter Konzentration versteht man die Fähigkeit, seine Gedanken *zielgerichtet* zu lenken. Es ist die innere Gewohnheit, den Geist auf eine bestimmte Aufgabe oder ein Ziel zu konzentrieren, bis du es erreicht hast. Um noch einen Schritt weiter zu gehen: Es geht nicht nur darum, ein Ziel zu erreichen. Vielmehr lenkst du deine Gedanken so, dass du dich auf eine Aufgabe konzentrierst - nicht, um eine Belohnung zu erhalten oder etwas zu erreichen, sondern einfach, weil du es gerne tust.

Konzentration ist die Entscheidung, deine Gedanken mit bewusster *Kraft* zu lenken. Deine Gedanken werden zu schöpferischer Energie, wenn sie absichtlich eingesetzt werden, unabhängig davon, ob die Aktion ein gutes Ergebnis bringt. Die Fähigkeit, sich zu konzentrieren, ist gleichbedeutend mit der Fähigkeit, deine Aufmerksamkeit zu bündeln und sie mit Laserfokus auf deinen Wunsch zu richten.

Stell dir vor, du stehst am Ufer eines Sees und wirfst eine Handvoll Steine ins Wasser. Sie spritzen in alle Richtungen, ohne dass du eine wirkliche Absicht hast. Dann hebst du einen flachen Stein auf und lässt ihn über das Wasser gleiten. Er bewegt sich schnell in eine Richtung und du hast eine viel bessere Chance, dein Ziel zu treffen.

So soll dein Geist sein: Du konzentrierst dich auf eine einzige Aufgabe, um dein einziges Ziel zu erreichen. Indem du deine Energie bündelst und in einen trichterförmigen Zustand bringst, machst du dir die rohe Energie deines Geistes zunutze. Sie wird zu einer leitenden Kraft, die es dir ermöglicht, ein Unternehmen aufzubauen, ein Ziel zu erreichen oder deine Produktivität um das Zehnfache zu steigern, indem du deine Aufmerksamkeit fokussierst und Ablenkungen ausschaltest.

Viele Menschen, die ich kenne, sind entweder voll und ganz damit beschäftigt, ihre Ablenkungen zu nähren, oder sie sind zu sehr damit beschäftigt, sie zu bekämpfen, und verlieren ausnahmslos, weil sie zu sehr darauf konzentriert sind, die Schlacht zu gewinnen und nicht den Krieg. Wenn du deine Aufmerksamkeit auf deine Ablenkungen richtest, auch wenn du das nicht beabsichtigst, gibst du ihnen möglicherweise mehr Kraft.

Wenn wir versuchen, ein Verhalten abzustellen, indem wir uns auf dieses Verhalten konzentrieren, haben wir meistens das Gegenteil erreicht. Um etwas zu ändern, solltest du deine Aufmerksamkeit auf das Mittel richten. Wenn du zum Beispiel deine geistige Energie auf die Reduzierung negativer Gedanken richtest, denke nicht an deine negativen Gedanken, sondern konzentriere dich auf die positiven Affirmationen, die sie beseitigen sollen.

Du kannst sofort etwas tun, indem du das Heilmittel anwendest, um die schwächsten Bereiche in dir zu heilen. Viele Menschen, die sich verändern wollen, konzentrieren sich zu sehr auf das Objekt, das sie verändern wollen.

Nehmen wir an, du rauchst und willst aufhören. Du willst wirklich, dass diese Gewohnheit aufhört. Viele Menschen denken: "Ich will mit dem Rauchen aufhören, ich will mit dem Rauchen aufhören." Aber das führt nur dazu, dass man sich noch mehr gönnen will. Konzentriere dich stattdessen darauf, was du tun willst, um die schlechte Angewohnheit loszuwerden.

Anstatt zu sagen: "Ich möchte mit dem Rauchen aufhören", sage lieber: "Ich treibe jeden Tag Sport und ernähre mich gesund."

Die Bereitschaft, mit dem Rauchen aufzuhören, wird durch die Maßnahmen, die wir im Hinblick auf diesen positiven Ansatz ergreifen, zunehmen. In den meisten Fällen geht es nicht darum, dass wir aufhören müssen, Dinge zu tun, die uns sabotieren. Vielmehr müssen wir unsere Aufmerksamkeit auf die Verhaltensweisen lenken, die wir beginnen und *fortsetzen* sollten.

Denke daran, dass du nicht nur einmal etwas tun und erwarten solltest, dass es sich über Nacht ändert. Wie ein Sportler, der jeden Tag auf der Bahn läuft, machst du deine positiven Handlungen zu positiven Entscheidungen, indem du beschließt, sie regelmäßig zu praktizieren.

Wenn es dir gelingt, deinen Geist zu fokussieren und deine Gedanken absichtlich auf etwas zu lenken, für das du eine große Leidenschaft empfindest, überwindest du alle falschen Grenzen, die dich zurückhalten.

Wenn du deinen Verstand trainierst und diese Gedanken auf den Fokus deiner tiefsten Wünsche ausrichtest, werden dir vier entscheidende Punkte klar:

1. Die einzigen Grenzen, die du hast, sind die Grenzen deines Geistes. Wenn du dein Denken erweiterst und vertiefst, schmelzen deine Grenzen dahin. Du wirst grenzenlos in deinen Strategien.
2. Ausreden, die du einmal gemacht hast, machen keinen Sinn mehr. Du hörst auf, dich zu entschuldigen, und beginnst, echte Handlungsschritte zu entwickeln, die dich voranbringen.

3. Je länger und intensiver du dich auf ein neues Verhalten konzentrierst, desto leichter wird es. Indem du eine neue Gewohnheit aufbaust, die dem alten Verhalten widersteht, vermeidest du, in die alten Versuchungen zurückzufallen. Doch wenn du aufhörst, dich zu konzentrieren, wird dein Geist wieder schwach und du fällst in alte Gewohnheiten zurück.

4. Der Fokus, auf den du dich konzentrierst, sei es das Lesen eines Buches oder die Arbeit an einem neuen Unternehmen, wird zu deiner Realität. Du wirst immer das werden, worauf du dich konzentrierst.

Konzentriert euch auf die Liebe und sendet sie in die Welt hinaus, und ihr werdet Liebe zurückbekommen. Wenn ihr euch auf die Wut konzentriert und euch darauf konzentriert, Groll aufzubauen, wird das zu euch zurückkommen.

Bei der Konzentration geht es darum, den Blick zu schärfen. Es bedeutet, dass du deinen Geist trainierst, sich voll und ganz auf die anstehende Aufgabe zu konzentrieren, und zwar nicht, weil du es musst, sondern weil es das Einzige ist, was du tun willst. Anstatt deine Gedanken wie Blätter im Wind umherfliegen zu lassen, trainierst du deinen Geist, sich auf sein eigentliches Ziel zu konzentrieren.

Deine Leidenschaft für ein bestimmtes Projekt oder Hobby ist der Schlüssel zur Konzentration. Der Grad der Intensität hängt davon ab, wie stark deine Leidenschaft und dein Antrieb für dein Ziel sind.

Konzentration verwandelt Verwirrung in Klarheit und Irreführung in eine klare Sichtlinie, wenn du mit Leidenschaft, intrinsischer Motivation und vollem Einsatz arbeitest. Das kann ein Hobby sein, das du liebst, oder ein Traum, auf den du hinarbeitest. Menschen, die bei dem, was sie lieben, erfolgreich sind, können dies auf ihre Fähigkeit zurückführen, sich durch einen Zustand des Flows auf das zu konzentrieren, was sie tun.

Du blendest die Welt aus, während du dich selbst verlierst.

"Das Geheimnis der Konzentration ist das Geheimnis der Selbstentdeckung. Man greift in sich hinein, um seine persönlichen Ressourcen zu entdecken und was es braucht, um sie für die Herausforderung zu nutzen."

- Arnold Palmer

Bei der Stärkung deines Fokus geht es um die Beherrschung deiner Gedanken, Handlungen und Gewohnheiten. Wenn du deine Gedanken in die richtigen Handlungen umlenken kannst, ist dies eine natürliche Brücke zur Schaffung von Gewohnheiten. Wenn du dir neue Gewohnheiten aneignest, werden diese, wenn es die richtigen sind, Wunder bewirken. Wenn es die falschen Gewohnheiten sind, wirst du eine andere Erfahrung machen.

Dein Erfolg oder Misserfolg hängt von deiner Fähigkeit ab, dich über einen bestimmten Zeitraum hinweg auf ein bestimmtes Thema zu konzentrieren und zu fokussieren.

Aber die Frage ist: "Wie lange?"

Konzentration ist harte Arbeit, und man kann sich leicht ablenken lassen. Um erfolgreicher zu sein, solltest du mit einem kleineren Ziel beginnen.

Konzentriere dich nur fünf Minuten lang auf eine Sache. Diszipliniere deinen Geist, um bei deiner Konzentration zu bleiben. Konzentriere dich dann fünf Minuten lang auf diese eine Sache. Jedes Mal, wenn du dich so lange konzentrieren kannst, verschiebe die Zeit um weitere fünf Minuten nach vorne. Arbeite dich bis zu 30 Minuten vor. Versuche es dann mit 45 Minuten und dehne es mit der Zeit auf eine Stunde aus. Das wird nicht einfach sein. Es kann Monate dauern, bis du diesen Grad an konzentriertem Arbeiten erreicht hast.

Aber was willst du sonst mit deiner Zeit anfangen? Welche Ziele versuchst du zu erreichen? Ich garantiere dir, dass der Grund, warum du das nicht tust, darin liegt, dass du dich auf einer unbewussten Ebene auf andere Kräfte außerhalb deiner selbst konzentrierst. Jeder macht das, und wir sind so sehr in unsere mentalen Gewohnheiten verstrickt, dass wir es nicht immer sehen.

In den nächsten 20 Minuten mach die folgende Übung.

Aktionsaufgabe: Fokussierung durch Intention

Setz dich 20 Minuten lang hin und konzentriere dich auf etwas, das du schon immer wolltest. Indem du ein Ziel wählst oder dich auf eine Aufgabe konzentrierst, kannst du deinen Geist in die Lage versetzen, erfolgreich zu sein. Genau wie im Sport: Wenn wir wollen, dass unsere Spieler auf ihren Positionen die Besten sind und das Spiel gewinnen, müssen wir unsere Ziele klar formulieren. Dann brauchen wir einen Spielplan.

Deine Fähigkeit, dich auf eine Aufgabe zu konzentrieren, ist der Schlüssel zur Beherrschung deines eigenen Geistes. Wenn du dich auf den gegenwärtigen Moment konzentrieren kannst, befreit dich das von den Leiden der Vergangenheit. Es hält dich davon ab, in der Angst vor der unbekannten Zukunft zu leben. Jetzt kannst du deine eigene Zukunft erschaffen, indem du ein Leben führen, das nach einem Plan und nicht nach dem Zufallsprinzip aufgebaut ist. Wie großartig ist das?

Damit dies zu deinen Gunsten ausfällt und du die Art von Leben schaffen kannst, die du dir wünschst, musst du eine klare, gut definierte Vision davon entwickeln, wie diese aussehen soll. Was tust du? Wie verbringst du jeden Tag? Mit wem bist du zusammen? Und vor allem: Wie fühlst du dich jetzt, wo du an diesem Ort bist?

Jetzt, wo du dir ein Bild von deiner Zukunft gemacht hast, konzentriere dich ganz darauf, sie zu verwirklichen. Wenn Selbstzweifel auftauchen - und das werden sie - schieb sie beiseite. Zweifel sind nur ein Spiel, das dein eigener Verstand spielt. Niemand kann dir Zweifel einreden. Wir tun es uns selbst an.

Wenn du dich von Wünschen und Gewohnheiten verleitet fühlst, die dir deinen Fortschritt und dein Potenzial rauben wollen, kannst du Nein sagen. Du kannst dich dafür entscheiden, nicht zu handeln, indem du deine Willenskraft darauf konzentrierst, klare Entscheidungen zu treffen.

Jetzt, da du ein klares Bild davon hast, was du willst, wen hast du in deinem Leben, der dir hilft, es zu erreichen? Mit welchen Menschen verbringst du Zeit? Inwieweit haben diese Menschen einen positiven Einfluss auf dein Leben? Stell dir vor, welche Art von Menschen du in deinem Team oder als Einzelperson brauchst, vielleicht möchtest du einen Mentor oder ein Vorbild haben.

Konzentriere dich als Nächstes **auf die Maßnahmen, die du jeden Tag ergreifst.** Sind diese Handlungen auf deine Ziele ausgerichtet? Bringen sie dich zu den Ergebnissen, die du brauchst?

Richtige Handlungen führen zu guten Ergebnissen. Falsche Handlungen, selbst mit den besten Absichten, können scheitern, wenn wir den Fokus darauf verlieren, warum wir sie überhaupt tun. Deshalb kann der <u>Flow</u>, auf den wir im nächsten Abschnitt eingehen werden, dich in einen Zustand versetzen, in dem du nur noch an die anstehende Aufgabe denkst.

In diesem Zustand ist nichts anderes wichtig. Du bist so leidenschaftlich bei dieser einen Sache, dass du alle anderen Ablenkungen ausblenden kannst. Du befindest dich in einem positiven Zustand und deine Kreativität ist intensiv.

Verwende deine Affirmationen, Zitate, Positivitätskassetten oder Entspannungsmusik. Du kannst deinen negativen Zustand jederzeit beenden. Was ihn am Laufen hält und dein Leiden verlängert, ist ... dein eigener Verstand. Und du lernst, ihn zu beherrschen, indem du dich auf das Wesentliche fokussierst und konzentrierst.

Konzentration: Eine Form der organisierten Energie

Wenn du dir deiner Gedanken bewusst bist und deine Gedanken nach Belieben formen kannst, hast du die Willenskraft, alles anzuziehen, was dir in den Weg kommt. Das Konzept ist sehr einfach. Wenn wir an das Gesetz der Anziehung denken, glauben wir, dass das, was wir uns wünschen, zu uns kommen wird. Aber es hat nichts mit Wünschen zu tun. Ich schlage sogar vor, dass du das Universum nicht um etwas bittest.

Dieses Konzept widerspricht allen Büchern über Überfluss und darüber, dass das Universum so eingerichtet ist, dass es dir gibt, was du willst und wann du es willst. Es ist kein Fast-Food-Restaurant. Wenn du etwas in dieser Welt willst, dann wünsch es dir nicht - arbeite dafür. Die einzige Möglichkeit, dafür zu arbeiten, besteht darin, dich selbst zu ändern.

Weißt du, warum du nicht hast, was du willst? Wartest du darauf, dass sich die Umstände ändern, damit du einen Vorteil aus deiner Situation ziehen kannst? Die Umstände ändern sich überall um uns herum, jede Minute an jedem Tag.

In der Tat solltest du in diesem Leben nichts anderes wollen, als die Kontrolle über deinen eigenen Geist zu haben, indem du deine Gedanken beherrschst.

Was du tun solltest, ist, diese Gedankenenergie so zu lenken, dass sie zu deinen Gunsten wirkt. Du kannst damit beginnen, deinen Fokus und deine Konzentration zu meistern, indem du diese Aktivitäten übst:

Achte auf deine Ablenkungen.

Mach eine Liste dieser Ablenkungen, aber halte sie kurz. Du brauchst nicht Hunderte von Dingen, an die du denken musst. Meine Liste umfasst weniger als 10 Ablenkungen, darunter drei wichtige Ablenkungen, auf die ich achten sollte.

Wenn du dann plötzlich feststellst, dass du dich verirrt hast oder von diesen Ablenkungen angezogen wirst, kannst du sagen: "Okay, ich konzentriere mich jetzt auf etwas, auf das ich mich nicht konzentrieren wollte."

Wenn du dir dessen bewusst bist, kommst du aus der Falle heraus. Wenn du dir bewusst bist, wann du in die Ablenkungsfalle tappst, kannst du Maßnahmen ergreifen, um dich davon zu befreien. Das kann bedeuten, dass du dich für eine gewisse Zeit aus deiner Umgebung zurückziehst, um dich neu zu konzentrieren. In vielen Fällen sind wir die ganze Zeit von Ablenkungen umgeben.

Zieh dich für 10 Minuten zurück und such dir einen ruhigen Ort, um nachzudenken, zu kontemplieren und ggf. die nächste Stunde zu planen. Um konzentriert zu bleiben, musst du deine Gedanken ständig neu ausrichten. Es ist wie auf einem Schiff auf dem Meer, und deshalb bist du als Kapitän immer am Steuer - die Kurskorrektur ist eine ständige Aufgabe. Du musst der Kapitän deines eigenen Schiffes sein und ständig diese kleinen Korrekturen an deinem Kurs vornehmen.

30 Minuten pro Tag lesen

Welche Art von Büchern lese ich? Nun, Bücher wie das, das du gerade liest. Ich konzentriere mich darauf, Strategien zu erlernen, um meine Motivation voll auszuschöpfen und anderen beizubringen, wie sie die ängstlichen Gedanken, die sie gefangen halten, überwinden können. Ich lese Bücher über den Aufbau und die Verwaltung einer Online-Geschäftsplattform. Wenn ich eine Pause brauche, schalte ich auf Belletristik um, um eine gute Geschichte zu lesen, in der der Held gegen unüberwindbare Hindernisse kämpft.

Warum ist Lesen wichtig?

Lesen hält dich im Hier und Jetzt. Es verbessert die Konzentration, wie <u>Studien gezeigt haben</u>. Spielen, Fernsehen oder stundenlanges Surfen in sozialen Medien haben den gegenteiligen Effekt. Du solltest die Zeit, die du mit diesen Aktivitäten verbringst, reduzieren. Es ist schwer, aber der langfristige Effekt ist mehr wert, als du je wissen wirst.

Auf der Rückseite dieses Buches findest du eine vollständige Liste der fünfzig Bücher auf meiner Master-Lernliste.

Bleib bei einer Aufgabe

Wenn du deine Konzentration wirklich unterbrechen und deinen Geist schnell erschöpfen willst, versuche, von einer Aufgabe zur nächsten zu springen. Das nennt man Multitasking, und seine Effektivität - oder das Fehlen davon - ist ein Mythos.

Um wirklich effektiv zu sein und dich über einen längeren Zeitraum hinweg konzentrieren zu können, solltest du dich auf eine Aufgabe beschränken und so lange daran arbeiten, bis sie abgeschlossen ist. Wenn es sich um ein großes Projekt mit mehreren Aufgaben handelt, kannst du eine pro Tag erledigen.

Wenn die meisten Menschen an Ablenkung und mangelnder Konzentration scheitern, ist das Gegenteil der Zustand des Flows. Wenn du wirklich die unendlichen Möglichkeiten deines

Denkens und das, was erreicht werden kann, erforschen willst, ist der Zustand des Flows der richtige Weg.

Im Idealfall bleib bei einer Aufgabe, bis du sie abgeschlossen hast. Wenn es sich um ein mehrstufiges Projekt handelt, solltest du diesen Schritt abschließen, bevor du zu einem anderen übergehst. Wenn du deinen Tag beginnst, brech zunächst mit dem Schema: **Erledige die eine Aufgabe, die am schwierigsten ist.**

Wenn du diese Aufgabe als Erstes erledigst, öffnet das die Tore für einen besseren Flow und erhöht den Energiefluss der kreativen Gedanken. Die Erledigung einer schwierigen Aufgabe vor 7 Uhr morgens sollte immer die erste Erledigung des Tages sein.

Strategie des tiefen Durchatmens

Die Atmung steht seit langem im Mittelpunkt der Meditation und ist ein hervorragendes Mittel, um nicht nur Stress abzubauen, sondern auch die Konzentrationsfähigkeit zu verbessern. Dies ist möglich, weil die Konzentration auf den Atem eine Handlung im gegenwärtigen Moment ist.

Wir atmen durchschnittlich 17.000- bis 30.000-mal pro Tag. Das ist eine Menge Atemzüge, und die meiste Zeit denken wir nicht über unseren nächsten Atemzug nach.

Aber was passiert, wenn du anfängst, über deine Atemzüge nachzudenken? Du wirst zentriert, entspannt, und du entfernst Gedanken der Sorge und Angst aus deinem Geist.

Tiefes Atmen hat immense gesundheitliche Vorteile, wie zum Beispiel:

- Verbessert die Durchblutung von Herz und Organen;
- Hilft bei der Gewichtsabnahme;

- Verlängert dein Leben, indem es stressbedingte Krankheiten reduziert, und;
- Erheblicher Abbau von Stress.

Wie kannst du also tief durchatmen? Ich verrate dir meine einfache Morgenroutine in acht Schritten:

1. Setz dich bequem auf den Boden oder auf einen Stuhl.
2. Beginn normal zu atmen und konzentriere dich beim Ein- und Ausatmen auf deinen Atem.
3. Verlangsame allmählich deine Atmung. Nimm dir zwei bis drei Minuten Zeit, um in den Flow zu kommen.
4. Dann atme bis vier ein.
5. Halte bis zum vierten Mal.
6. Atme bis vier aus.
7. Halte bis zum vierten Mal.
8. Wiederhole dies sechsmal.

Kapitel 18: Säule 2 - Entfessle die Kraft des strategischen Denkens

> *"Es ist nicht die Situation, die deinen Stress verursacht, es sind deine Gedanken, und du kannst das hier und jetzt ändern. Du kannst dich dafür entscheiden, in diesem Moment friedlich zu sein. Frieden ist eine Entscheidung und hat nichts damit zu tun, was andere Menschen tun oder denken."*
>
> **- Gerald G. Jampolsky, MD**

In einem erfolgreichen Leben gibt es so etwas wie Glück nicht. Vielleicht hast du Glück und schreibst es dir auf die Fahne, zur richtigen Zeit am richtigen Ort zu sein - aber irgendetwas hat dich dorthin gebracht. Dein Erfolg - oder das Fehlen desselben - ist ein direktes Ergebnis strategischen Denkens.

Was ist strategisches Denken und warum ist es so wichtig?

Eine Reise ohne Auftrag wird zu einem Land der Verwirrung. Am Ende vergeudest du Zeit und Energie, zwei wichtige Ressourcen.

Strategisches Denken hat nichts damit zu tun, eine Aufgabenliste zu erstellen oder den nächsten Urlaub zu planen. Es geht tiefer als das. Wenn du einen Krieg gewinnen willst, musst du das Ergebnis kennen. Mit anderen Worten: Du musst das Ergebnis schaffen, das du willst. Deine Gedanken sind die Bausteine für dein Handeln.

Strategisches Denken bedeutet:

- Du verfolgst deine Ziele langfristig.

- Du planst wichtige Lebensereignisse Jahre im Voraus.

- Du löst komplexe Probleme, die andere nicht lösen können.

- Du wandelst vage Ideen in präzise Strategien um.

- Du erstellst langfristige Pläne und Ziele.

- Du bereitest dich auf das Unbekannte vor.

- Du knüpfst Kontakte zu Vordenkern, um Pläne zu diskutieren und umzusetzen.

Vielleicht gehörst du zu den Menschen, die in der Vergangenheit nicht viel geplant haben. Vielleicht hast du einfach drauflosgeplant oder von Tag zu Tag gelebt. Das funktioniert manchmal - aber irgendwann wird der Tag kommen, an dem du scheitern wirst, und du wirst erkennen, dass eine vorausschauende Planung und eine strategische Planung die unnötigen Hindernisse auf dem Weg nach vorn aus dem Weg räumen werden.

Du beseitigst Ablenkung und Aufschieberitis. Es wird dein zukünftiges Potenzial für größeren Erfolg in den Schlüsselbereichen deines Lebens erhöhen. Du kannst das Ungleichgewicht in deinem Leben schon jetzt ändern, indem du dich entscheidest, einen Bereich deines Lebens zu planen, den du bisher ignoriert hast.

Plane nicht nur, wenn dir danach ist, oder warte auf den perfekten Zeitpunkt, um es richtig zu machen. Mach strategisches Denken zu einer Notwendigkeit in deinem Leben. Mach es zur Gewohnheit, die du jeden Tag praktizierst. Nimm dir jeden Tag Zeit, um deinen nächsten Schritt zu planen.

Denke gründlich darüber nach, wo du sein willst - und nicht darüber, wo du aufgrund einer abwartenden Haltung zu sein glaubst.

Den Zufall in den Wind zu schlagen ist wie von einer Klippe zu springen und zu hoffen, dass man auf Wasser trifft. Das mag eine sorglose, wilde Art zu leben sein, aber wenn du eine Strategie hast, wohin du gehen willst, wirst du die Reise mehr genießen, ohne den Stress, dich zu fragen, was als nächstes passieren wird.

Hier sind zwei Bereiche deines Lebens, an denen du sofort arbeiten kannst, indem du strategisches Denken anwendest.

Finanzplanung

Etwa 78 % der Amerikaner leben von Gehaltsscheck zu Gehaltsscheck. Nur einer von vier hat einen Finanzplan. Das bedeutet, dass viele Menschen da draußen nicht über ihre finanzielle Zukunft nachdenken. Dies ist ein guter Zeitpunkt, um mit strategischen Überlegungen zu beginnen. Wo willst du in 20 Jahren finanziell stehen? 10? In fünf? Wie kannst du mehrere Einkommensquellen schaffen, anstatt dich auf eine einzige zu verlassen?

Die Umstände spielen eine Rolle bei deiner finanziellen Situation, aber letztlich hast du die Macht, sie zu ändern.

Wirf deine Ausreden weg. Mach nicht länger die Steuern und deinen Arbeitgeber dafür verantwortlich, dass du nicht genug verdienst. Wenn du Schwierigkeiten hast, selbst zu planen, kannst du einen Finanzberater aufsuchen. Bild dich zumindest weiter, damit du nicht mit leeren Händen dastehst.

Ich gehe folgendermaßen vor: Zu Beginn der Woche nehme ich mir Zeit, um strategisch über meine finanziellen Ziele nachzudenken. Ich überprüfe, wie viel ich jeden Monat spare und wo ich in fünf Jahren sein möchte. Ich überprüfe meine finanziellen Ziele jede Woche und versuche, den Überblick über meine Fortschritte zu behalten.

Zwei Bücher, die mir bei der strategischen Planung sehr geholfen haben, sind *The Automatic Millionaire* von David Bach und *The Total Money Makeover* von Dave Ramsey.

Nimm deinen Finanzplan ernst und nutze strategisches Denken, um mit deinem Geld und Vermögen Boden zu gewinnen.

Festlegung von Jahreszielen

Die Festlegung von Zielen war für mich schon immer ein Problem. Ich habe jedes Jahr mit neuen Zielen begonnen, und am Ende des ersten Quartals fühlte ich mich völlig entgleist. Warum war das so? Ich dachte immer nur an den nächsten Tag, die nächste Woche, und danach blieben meine Gedanken stecken. Jetzt verwende ich den *Full Focus Planner* von Michael Hyatt, und er hat einen großen Unterschied gemacht. Anstatt nur eine Checkliste für jeden Tag zu erstellen, denke ich jetzt Monate voraus und plane allmählich für das ganze Jahr.

Hast du mindestens fünf Ziele für dieses Jahr? Wenn ja, wie oft überprüfst du sie?

In nur einer Stunde pro Woche kannst du deinen Erfolg planen. Und wie? Ich überprüfe meine Ziele für die Woche und den Monat zu Beginn jeder Woche. Dann denke ich gründlich über den Aktionsplan zur Erreichung dieser Ziele nach. Ich habe gelernt, dass man die meisten Ziele nur selten durch Wünschen oder Hoffen erreichen kann. Man muss proaktiv denken und es in die Tat umsetzen.

Schreib jetzt fünf Ziele für die nächsten drei Monate auf. Dann nimm dir jedes Ziel vor und überleg dir die Aktionsschritte für jedes Ziel. Wähle das Ziel, das du zuerst erreichen musst, das Ziel, das dich am meisten anspricht. Erstelle eine Liste von Handlungsschritten und mach dich an die Arbeit.

Plane für das Schlimmste / Erwarte das Beste

Jemand hat mir einmal gesagt, dass man immer vorbereitet sein sollte. Wir können zwar nicht vorhersagen, was passieren wird, aber wir können zumindest darauf vorbereitet sein. Sei auf alles vorbereitet. Wenn du an alle Möglichkeiten denkst, wie du offene Fragen klären kannst, wirst du dich nicht in einem Schlamassel wiederfinden, der hätte vermieden werden können, wenn du dir die Zeit genommen hättest, strategisch zu planen.

Sei dir bewusst, wann du aufschiebst. Aufschieben ist eine selbstzerstörerische Angewohnheit, die dich Chancen, Geld, Zeit und Energie kosten kann. Wenn das auf dich zutrifft, solltest du gegen deine Aufschiebegewohnheit vorgehen. Sie kann ein Hauptgrund dafür sein, dass du keine größeren Pläne gemacht oder Ziele erreicht hast. Du hast Angst vor dem Scheitern. Wenn du an dieser Angst festhältst, kommst du nicht vorwärts.

Denke. Plane. Handle.

Gedanken allein sind nur Ideen, und Ideen ohne Taten sind nur Schall und Rauch. Denke mit der Absicht, eine Strategie zu entwickeln, ist der richtige Weg. Setz dich selbst unter Druck, um das von dir gewünschte Ergebnis zu erzielen. Sobald du einen Plan hast, solltest du ihn in die Tat umsetzen. Warte nicht auf den perfekten Tag. Wer nicht plant und auf perfekte Momente wartet, muss am Ende das Chaos aufräumen. Dann ist es zu spät.

Kapitel 19: Säule 3 - Kreatives Denken anwenden und ein außergewöhnliches Leben aufbauen

"Bei allem, was dir passiert ist, kannst du dich entweder selbst bemitleiden oder du kannst es als Geschenk betrachten. Alles ist entweder eine Gelegenheit zu wachsen oder ein Hindernis, das dich davon abhält zu wachsen. Du hast die Wahl."

- Dr. Wayne W. Dyer

Deine Vorstellungskraft ist das größte Werkzeug in deinem geistigen Arsenal. Alles, was du jetzt in deinem Leben erschaffst, ist ein Auswuchs deiner Vorstellungskraft. Vorstellungskraft führt zu Ideen, und Ideen verwandeln das Unmögliche in großartige Realität.

Wir sind von einer Welt umgeben, die auf kreativen Genies beruht. Jemand wurde einmal berühmt für den Ausspruch: "Alle guten Ideen der Welt sind weg." Wenn das wahr wäre, gäbe es für keinen von uns einen Ort, an den wir gehen könnten. Die Kreativität ist sehr lebendig.

Halte deine Ideen nicht zurück. Lass die Angst los, dumm dazustehen. Deine verrückte Idee könnte die dümmste Sache sein, die die Leute zum Lachen bringt, oder die beste Idee des Jahres. Aber du wirst es nie erfahren, wenn du deine Idee nicht mit jemandem teilst.

Wandel, Fortschritt, Übergang und Größe erfordern kreatives Denken. Das bedeutet nicht, dass man ein Künstler, Musiker, Schriftsteller oder Ingenieur sein muss, um kreativ zu sein. Jeder hat ein kreatives Genie. Die Frage ist nur, ob du mit deinem kreativen Genie denkst oder ob du die Dinge immer auf die gleiche Weise tust, weil sie schon immer so gemacht wurden.

Unternehmen, die sich durch Innovation auszeichnen, sind von Kreativität durchdrungen. Sie erwarten von ihren Mitarbeitern, dass sie bessere Wege und Systeme finden, dass sie improvisieren, optimieren und manchmal auch ein kaputtes System abreißen und neu aufbauen.

Dies sind die Fragen, die kreative Denker stellen:

- "Was kann ich heute anders machen?"
- "Wie kann ich die Qualität meiner Produktivität verbessern?"
- "Welche Änderungen könnten wir vornehmen, die sich von dem unterscheiden, was andere tun?"

Eltern, die Kinder erziehen, können Fragen wie diese stellen:

- "Wie kann ich meine Kinder dazu bringen, mehr Bücher zu lesen und weniger Zeit mit Geräten zu verbringen?"
- "Wo kann ich mit der Familie einen Urlaub machen, der mehr Spaß macht als Disneyland und weniger kostet?"
- "Wie kann ich meinem Kind helfen, den nächsten Test erfolgreich zu bestehen, damit es nicht zurückgehalten wird?"

Richte deine Gedanken auf eine Haltung der ständigen und nie endenden Verbesserung aus. Eine fixe Denkweise ist so, als würdest du deine Ideen einsperren und sagen: "Ich bin es leid, etwas Neues zu schaffen. Ich werde einfach immer wieder das Gleiche tun, mit den gleichen Ergebnissen. Das ist keine kreative

Einstellung, sondern eine destruktive. Wenn du dich dem Fortschritt verschließt, gehen Chancen und Zukunftsaussichten verloren.

Mach es dir zur Aufgabe, dich zu verbessern, zu improvisieren und nach Möglichkeiten zu suchen, dein Leben besser zu machen. Verbessere dein Leben, und du verbesserst das Leben der anderen. Bei der Innovation geht es darum, eine bessere Zukunft, ein besseres Produkt zu schaffen, und auch das gilt nicht nur für die Wirtschaft. Du kannst auch in deinem Zuhause innovativ sein. Du kannst in allen Bereichen kreativ sein, wenn du nach Möglichkeiten zur Verbesserung der Qualität suchst. Die erfolgreiche Strategie ist die folgende: **Gib dich niemals zufrieden.**

Wenn du wirklich willst, dass sich in deinem Leben etwas ändert, solltest du dich nie mit dem zufrieden geben, was ist. Gib dich nie mit "Ich bin schon so weit gegangen, wie ich gehen kann" oder "Besser geht es nicht" zufrieden. Es ist nie zu Ende, bis du bereit bist, aufzugeben. Das ist der Grund, warum Unternehmen bei Umstrukturierungen viele Menschen entlassen, die schon lange dabei sind. Manchmal brauchen sie einen Neuanfang mit neuen Köpfen, die bereit sind, kreative Ideen einzubringen.

Weißt du, woran Kreativität scheitert? Es ist nicht ein Mangel an Ideen für ein Projekt, sondern ein Mangel an Interesse. Wenn etwas langweilig ist, kann man nicht mit einer unglaublich neuen Methode aufwarten. Wenn du dich langweilst oder desinteressiert bist, wirst du nicht daran arbeiten, es besser zu machen.

Was glaubst du, warum die meisten Menschen bei Jobs, die sie hassen, keinen Beitrag mehr leisten? Es ist ihnen egal, ob das Unternehmen Erfolg hat oder scheitert. Wenn man nur wegen des Gehaltsschecks zur Arbeit geht, wird das die kreative Fantasie nicht anregen. Ich weiß das, weil ich jahrelang in einen solchen Job eingetaucht war. Das Unternehmen hatte schon lange kein Umfeld mehr, das kreative Innovation förderte. Man konzentrierte sich darauf, Kunden (und deren Geld) zu bekommen, während man ein altes System benutzte, das offensichtlich nicht mehr funktionierte.

Je länger ich dort blieb, desto schwächer wurden meine kreativen Muskeln. Der einzige Weg zu überleben war, zu kündigen. Wochen später, als ich in einem Umfeld arbeitete, das meine Ideen anregte, war es, als wäre ich von den Toten auferstanden. Meine kreativen Muskeln wuchsen, als ich mich im kreativen Denken übte und mich selbst herausforderte, jeden Tag neue Ideen zu entwickeln.

Dies bringt einen wichtigen Punkt zur Sprache. Um ein produktiver kreativer Denker zu sein, solltest du dich mit einer Gruppe von Menschen umgeben, die sich auf den Aufbau einer besseren Welt konzentrieren. Das kann eine Mastermind-Gruppe oder ein Team von kreativen Denkern sein. Versetze dich in diese Situation und du wirst auf Ideen und Möglichkeiten stoßen, die du früher für unmöglich gehalten hast.

Die meisten der großartigen Erfindungen, die wir heute genießen, wären nie geboren worden, wenn die Erfinder auf die einschränkenden Überzeugungen von Kritikern und Zynikern gehört hätten. Es wird immer jemanden geben, der dir sagen wird: "Das ist unmöglich". Aber was sie wirklich meinen, ist, dass es für sie unmöglich ist, nicht für dich.

Mein bester Ratschlag: Trenne die Verbindung und gehe weiter. Sei derjenige, der das Risiko eingeht und etwas anderes ausprobiert. Nimm es in Kauf, zu scheitern, aus deinen Fehlern zu lernen und es beim nächsten Mal besser zu machen.

Hier sind einige Ideen, die dich zu kreativem Denken anregen sollen. Frage dich, wie du diese Fragen beantworten würdest.

- "Wie kann ich mein monatliches Einkommen in den nächsten sechs Monaten verdoppeln?"
- "Wie kann ich jemandem helfen, 20 Pfund abzunehmen, ohne eine Diät zu machen?"
- "Wie können wir die Zeit, die Mitarbeiter mit E-Mails verbringen, um 50 % reduzieren?"
- "Wie baue ich Vertrauen in meine Kinder auf, damit sie zu unaufhaltsamen, furchtlosen Menschen werden?"
- "Wie kann ich unsere Rechnungen um die Hälfte reduzieren?"
- "Wie kann ich das Essen zu Hause interessant gestalten, indem ich meiner Familie neue Rezepte vorstelle?"

> *"Der einzige Ort, an dem dein Traum unmöglich wird, ist in deinem eigenen Kopf."*
>
> **- Robert H. Schuller**

Fragen sind die Antwort. Wann immer du einen Bereich deines Lebens verbessern willst, der nicht vorankommt, beginnst du mit einem Brainstorming über die Möglichkeiten. Mach dir Notizen und schreibe deine Ideen auf. Nimm dann die besten dieser Ideen und probiere sie aus. Teste deine Idee, bevor du sie verwirfst. Aber gib nicht nach den ersten Misserfolgen auf. Gib deinen Ideen eine Chance. Manchmal brauchen sie nur einen Anstoß.

Frage dich immer wieder: "Wie kann ich das verbessern?" Nichts ist jemals fertig. Wir können immer noch besser werden, bessere Ideen entwickeln und anwenden, um ein System zu schaffen oder zu verbessern, damit es wie eine gut geölte Maschine läuft.

Hier sind sieben Gründe, warum du ein kreativer Denker sein und deine Vorstellungskraft einsetzen solltest:

Kreatives Denken wirft große Fragen auf

Wer groß denkt, stellt die richtigen Fragen. Wenn du groß denkst, bist du bereit, die Ideen und alten Überzeugungen aller anderen infrage zu stellen. Du bist vielleicht nicht die beliebteste Person im Raum, aber vielleicht die klügste. Die Menschen werden sich an dich wenden, wenn es um Führung und Orientierung geht, nicht weil deine Ideen die besten sind, sondern weil du den Mut hast, deine kreative Vision zum Ausdruck zu bringen.

Kreatives Denken baut Brücken

Deine Gedanken sind wie Brücken, die dich von Punkt A zu Punkt Z tragen. Wenn du deine Gedanken anwendest und diese Energie nutzt, um dich für bessere Entwicklungen einzusetzen, kannst du sehen, wie die Brücken der Schöpfung greifen. Das zieht bessere Möglichkeiten an und überbrückt die Kluft zwischen Klarheit und Verwirrung.

Kreatives Denken erschließt unmögliche Möglichkeiten

Glaube, dass es möglich ist, und es ist möglich. Sei ein Ungläubiger und nichts wird möglich. Was möglich ist und was nicht, ist weitgehend eine Frage der Perspektive. Wenn man an Ideen arbeitet, die radikal sind oder "da draußen", werden die Möglichkeiten realer.

Du kannst deine Welt in etwas verwandeln, das du dir bisher nur vorstellen konntest. Entferne die negativen Gedanken aus deinem Kopf, die sagen: "Das wurde alles schon einmal gemacht" oder "Das hat man schon versucht und es hat nicht funktioniert".

Kreative Denker feiern die Freiheit

Es ist eine große Freiheit, kreativ zu sein. Du kannst dein eigenes Tempo bestimmen und dich nicht mehr darauf verlassen, dass andere dir die Antworten geben. Suche deine eigenen Lösungen und fühle dich lebendig, weil du auf eine Freiheit hinarbeitest, die du selbst schaffen und besitzen kannst.

Kreatives Denken versetzt dich in den Kapitänssitz des Lebens

Du hast das Gefühl, dein Schicksal selbst in der Hand zu haben, wenn du deiner Fantasie freien Lauf lässt und das tun kannst, was sie am besten kann: Schaffen. Lass deine Gedanken los und erkenne, wenn sie versuchen, dich zurückzuhalten.

Kreatives Denken führt zu einem außergewöhnlichen Leben

Brauchst du Beweise? Ich könnte hier jetzt hundert Namen von kreativen Menschen nennen, die aus nichts anderem als ihrer Vorstellungskraft heraus Imperien aufgebaut haben. Wir haben keinen Platz für tausend Namen, also wie wäre es mit 10? Erkennst du irgendwelche Namen wieder? Kannst du die Liste ergänzen?

- Steven Spielberg
- Jim Henson
- J.K. Rowling
- Charles Ives
- John Williams
- Walt Disney
- Benjamin Franklin
- George Lucas
- William Shakespeare
- Thomas Edison

Du kannst das außergewöhnliche Leben aufbauen, das du dir vorstellst. Alles wird möglich, sobald wir den Zweifel beseitigen und ihn durch Möglichkeiten ersetzen. Schaffe deine eigene Möglichkeit, indem du dein eigenes Ding erschaffst, und arbeite dann dafür, um es zu deinem zu machen.

Kreatives Denken tötet Angst und Ungewissheit

Wenn du ein kreativer Denker bist, hast du dein Schicksal selbst in der Hand. Dies ist ein großer Sieg, wenn es darum geht, ängstliche Gedanken aus deinem Kopf zu verbannen. In der Tat können Angst und Kreativität nicht nebeneinander bestehen. Wenn du diese kreativen Gedanken in die Tat umsetzt, beseitigst du jegliche Angst. Taten zerstören die Angst. Es spielt keine Rolle, ob du erfolgreich bist oder nicht. Was zählt, ist, dass du etwas tust und versuchst, voranzukommen.

Ungewissheit macht sich breit, wenn man unentschlossen ist. Wenn man sich seiner selbst nicht sicher ist oder feststeckt, weil man Angst hat, vorwärts zu gehen, dann verfängt man sich in der Angst: "Was, wenn ich es versuche und versage? Was ist, wenn diese Idee nicht funktioniert? Was ist, wenn ich es nicht schaffe und mich all diesen Leuten stellen muss?"

Sei ein Mensch der Tat. Sag nein zu der Angst, die deinen Verstand gefangen hält. Sei größer als deine Zweifel. Lass deine kreativen Säfte fließen. Sage Ja zu allem, was sich vor dir auftut.

Kreative Denker sind glückliche Menschen

Durch die Ausübung von Kreativität werden im Gehirn Endorphine freigesetzt, was einer Glückspille gleichkommt. Ist dir schon einmal aufgefallen, dass du dich einfach gut fühlst, wenn du an etwas Kreativem arbeitest? Dafür gibt es einen guten Grund.

Der Mensch wird kreativ geboren. Wir können nicht aufhören, über etwas nachzudenken. Leider nutzen viele Menschen ihr Denken nicht auf kreative Weise. Stattdessen denken sie über schlechte Dinge nach, die passiert sind. Sie hängen an vergangenen Misserfolgen und altem Groll. Das zerstört die Kreativität und ersetzt sie durch Unglücklichsein.

Wie du weißt, schreibe ich Bücher. Mache ich das für viel Geld und um ein berühmter Autor zu werden? Nun, ich kann damit zwar meinen Lebensunterhalt verdienen und bin bekannt geworden und habe etwas Ruhm erlangt, aber das Schreiben gibt mir ein gutes Gefühl. Ich weiß, dass das, was ich erschaffe, eine Wirkung auf die Menschen hat, und wenn dieses Buch oder die vielen anderen, die ich veröffentlicht habe, eine Wirkung haben, dann wirkt die Kreativität durch mein Handwerk wahre Wunder.

Kapitel 20: Vierte Säule - Angst durch zuversichtliches Handeln **zerstören**

"Glück ist eine Einstellung. Wir machen uns entweder unglücklich oder wir machen uns glücklich und stark. Der Arbeitsaufwand ist derselbe."

- Francesca Reigler

Solange er nicht in die Tat umgesetzt wird, ist jeder Gedanke nur eine Idee. Viele dieser Ideen sind gut. Ein paar sind großartig. Aber es braucht mehr als eine großartige Idee, um die Welt zu verändern. Du musst deine Gedanken in die Tat umsetzen, um deine Kreativität zu verwirklichen.

Hast du schon einmal gehört, dass jemand dir von all den Ideen erzählt hat, die er umsetzen wollte, es aber nie getan hat? Oder von all den Plänen, die sie geschmiedet haben, die aber nie verwirklicht wurden?

Jeder kann eine Idee haben. Aber nur wenige werden sie in die Tat umsetzen. Warum ist das so? Aus mehreren Gründen. Erstens: Wir sind Geschöpfe der Angst. Bevor wir einen Schritt tun, fallen uns ein Dutzend Gründe ein, warum wir es nicht tun sollten. Dann verwirft man die gute Idee und denkt sich eine neue aus. Man sitzt eine Weile daran, und der Kreislauf wiederholt sich. Um also voranzukommen und Gedanken in die Realität umzusetzen, musst du handeln.

Hier sind **drei Schritte**, um gute Ideen in konkrete Handlungsschritte zu verwandeln.

1. Beginne mit einem kleinen Aktionsschritt

Wenn du darüber nachdenkst, deine Wohnung aufzuräumen, und nicht weißt, wo du anfangen sollst, fang mit einem kleinen Schritt an. Hebe etwas vom Boden auf. Tue es wieder. Bald wirst du mehr Motivation haben, weiterzumachen. Auf diese Weise erhältst du einen Impuls, um die Prokrastination zu überwinden.

2. Beginne deinen Morgen mit der schwierigsten Aufgabe zuerst

Ich gebe zu, ich bin ein Fan davon, das Einfache zuerst zu tun. Das könnte ich den ganzen Tag lang tun. Aber das führt zu einer faulen Angewohnheit, einen Haufen einfacher Aufgaben zu erledigen, die keinen wirklichen Fortschritt bedeuten. Dein erster Gedanke am Tag sollte sein: "Welche Aufgabe schiebe ich vor mir her, die ich zuerst erledigen könnte?" Ich sage, tu es zuerst. Du wirst dich den Rest des Tages gut fühlen. Wenn du darüber nachdenkst, wirst du es nicht schaffen. Es wird nur noch mehr Ausreden hervorbringen.

3. Verringere die Anzahl der Sprüche "Ich werde darüber nachdenken".

Eine weitere Angewohnheit von mir, die zunächst zu weiterer Prokrastination führt, ist zu sagen: "Ich werde darüber nachdenken." Nachdem ich diese Worte gesagt habe, höre ich tatsächlich auf, überhaupt darüber nachzudenken. Mir ist klar geworden, dass ich mit diesem Satz dem Aufschieben Tür und Tor geöffnet habe, vor allem, wenn ich mich zu diesem Zeitpunkt nicht damit befassen wollte.

Tatsächlich wollte ich mich mit den meisten Dingen im Moment nur selten befassen. Bevor du also sagst: "Ich werde darüber nachdenken", frage dich: "Kann ich das jetzt sofort tun? Kann ich diese Sache jetzt sofort tun? Gibt es einen guten Grund, warum ich das lieber später als jetzt tun sollte?"

Sei dir bewusst, wenn du diesen Satz verwendest, um zu prokrastinieren. Wenn es etwas gibt, das jetzt getan werden kann, dann tue es jetzt. Mein neues Motto lautet sogar: "Tue es jetzt." Ich warte nicht. Wenn ich es doch tue, wird es einfach auf die lange Bank geschoben. Ich entdeckte, dass sich auf meiner Ablage viele alte Aufgaben befanden, die schon seit vielen Jahren auf der Ablage lagen.

Ergreife massive Maßnahmen und mache diese zu deiner ersten Handlung des Tages. Es gibt eine Zeit für die Planung, ja, aber die meisten Aktionspläne beginnen, bevor jedes Detail entschieden ist. Man muss mit etwas anfangen. Es gibt immer etwas, mit dem man anfangen kann. Sei nicht die Person, die nach Jahren immer noch Ausreden findet und davon spricht, die gleichen Dinge zu tun, die nie erledigt werden.

Konzentriere dich darauf, deine Angst zu zerstören, bevor sie dich zerstört. Lass die Angst nicht gewinnen. Wehre dich. Mit Nachdruck. Wenn du es zulässt, dass faule Gewohnheiten die Oberhand gewinnen, wirst du mit einem Schrank voller leerer Versprechen und halbfertiger Projekte zurückbleiben, die deinen Platz einnehmen und an dir haften bleiben. Dein Geist wird sich an die Aufgaben klammern, die er nicht erledigt hat. Offene Schleifen verbrauchen mentale Energie, wenn wir ständig an sie denken müssen.

Der Schlüssel ist, die Schleifen zu schließen. Am Ende eines jeden Tages ermittle ich die Aufgaben, die ich nicht erledigt habe. Dann verschiebe ich diese Aufgaben auf den nächsten Tag und stelle sicher, dass sie morgens als erstes auf meiner Liste stehen. Ich erledige die schwierigen Aufgaben zuerst, weil ich sie am ehesten aufschiebe.

Zuversichtliches Handeln schafft zuversichtliches Denken

Wenn du es zulässt, dass du die Dinge aufschiebst, von denen du weißt, dass sie deine Aufmerksamkeit brauchen, wird das dein Selbstvertrauen zerstören. Sieh, dein Selbstvertrauen ist wie eine Bank. Wenn du Einzahlungen vornimmst, die umsetzbar sind, baust du dein Vertrauen auf. Schon bald wirst du aufgrund der Einzahlungen, die du getätigt hast, reich an Selbstvertrauen sein.

Das Gegenteil ist auch der Fall. Wenn du die Arbeit, die getan werden muss, aufschiebst und ignorierst, leerst du deinen Vertrauensvorrat. Wir sprechen über selbstbewusstes Denken, als ob es an erster Stelle stehen sollte, aber in Wirklichkeit veränderst du deine Gedanken, wenn du handelst, in eine positivere Richtung. Mit anderen Worten: Selbstbewusstes Handeln führt zu selbstbewusstem Denken. Wenn du einen Beweis brauchst, probiere es aus.

Erledige jetzt etwas, das du schon lange aufgeschoben hast. Gibt es eine Stellenbewerbung, die du noch nicht ausgefüllt hast? Ist dein Haus unordentlich? Wurden deine Hausaufgaben vernachlässigt? Hast du deine Steuererklärung noch nicht abgegeben, obwohl die Frist diese Woche abläuft?

Ich fordere dich jetzt heraus, eine Sache zu tun, die auf deiner Aufgabenliste steht und die du bisher ignoriert hast. Aufschieberitis wirkt sich auf uns alle negativ aus. Du fütterst dich selbst mit negativen Gedanken, die sich so anhören:

- "Du bist so faul."

- "Wie lange geht das schon so?"

- "Alle anderen haben Erfolg, warum nicht auch du?"

Selbstbewusstes Handeln. Selbstbewusstes Sprechen. Selbstbewusstes Denken. Diese drei Elemente wirken zusammen und machen dich zu einer unaufhaltsamen Kraft. Selbstvertrauen ist nicht etwas, das man an einem Tag aufbaut und am nächsten wieder loslässt. Du musst jeden Tag etwas tun, das dein Selbstvertrauen stärkt. Sobald du aufhörst zu handeln, sucht die Negativität nach einem Weg, sich wieder in dein Leben zu schleichen. Du musst deinen Verstand immer im Auge behalten.

Durch positives Handeln kannst du deine Ängste besiegen. Du musst über die richtigen Maßnahmen nachdenken und diese Maßnahmen dann auch ergreifen. Denke daran, wie ich bereits gesagt habe (und hier wiederholen werde), dass die Angst zerstört wird, wenn du mit den richtigen Gedanken und Handlungen vorwärts gehst.

Ich habe noch nie einen ängstlichen Menschen getroffen, der voller Energie war und eine positive Lebenseinstellung hatte. Körperliches Handeln ist die Vorstufe zu einem positiven Leben. Vorwärtsgehen erzeugt positive Gefühle.

Hier findest du eine Liste positiver Maßnahmen, die deine Einstellung und Perspektive verändern werden:

- Gehe mit offenem Blick und hohem Tempo.

- Sage nur Gutes über Menschen, auch wenn du ein Problem mit ihnen hast.

- Begrüße jeden, den du triffst, mit einem begeisterten Lächeln und sage: "Schön, dich kennenzulernen."

- Beseitige Gedanken der Gier und der Bosheit – zwei sehr schädliche Gedankenmuster.

- Überlege dir fünf Möglichkeiten, wie du heute jemandem helfen kannst.

- Beherrsche deine Wut, auch wenn jemand anderes ausschlägt.

- Behalte die Kontrolle über deine Gefühle.

Schlussfolgerung: Schütze deinen Geist vor bösen Mächten

"Wir werden in all unseren Unternehmungen erfolgreicher sein, wenn wir uns von der Gewohnheit lösen können, ständig zu rennen, und kleine Pausen einlegen, um uns zu entspannen und zu regenerieren. Und wir werden auch viel mehr Freude am Leben haben."

- Thich Nhat Hanh

Von den mehr als 35 Büchern, die ich bis heute veröffentlicht habe, ist *Stärke deine Gedanken* eines meiner Lieblingsbücher. Es ist erstaunlich zu beobachten, wie sich das Leben eines Menschen verändert, wenn er seine Denkweise ändert.

Ich habe erlebt, wie Menschen ihre Beziehungen veränderten, an Orte zogen, von denen sie nie zu träumen gewagt hätten, und ein Leben in die Hand nahmen, das ihnen einst hoffnungslos und sinnlos erschien.

Wenn du deine Denkweise änderst, öffnen sich deine Denkmuster und du schaffst einen positiven Trichter für dauerhafte Veränderungen.

In einem Buch, das ich als Teil meiner morgendlichen Routine lese, *Die Lehre des Buddha* von der **Bukkyo Dendo Kyokai**, gibt es eine Passage, in der es heißt:

"Die Menschen neigen dazu, sich in die Richtung ihrer Gedanken zu bewegen. Wenn sie gierige Gedanken haben,

werden sie gieriger; wenn sie wütende Gedanken haben,
werden sie wütender; wenn sie törichte Gedanken haben,
bewegen sich ihre Füße in diese Richtung."

Deine Gedanken lenken deine Handlungen, und es sind deine Handlungen, die dein Schicksal bestimmen. Aber das Wort "Handlung" muss sich nicht auf das Tun von etwas beziehen.

Meditation ist eine Handlung - auch wenn du lange Zeit still sitzt. Der Akt der Meditation ist die Praxis der Gedankenkontrolle, und ohne Gedankenkontrolle werden alle Handlungen, die du unternimmst, wahrscheinlich zufällige, unorganisierte Schritte in die falsche Richtung sein.

Die Konzentration auf deine Gedanken ist auch eine Handlung. Es ist eine Aktion des Geistes, da du deine Energie darauf richtest, positive Gedanken zu erzeugen. Deshalb wird sich dein Leben immer in die Richtung deiner Gedanken bewegen.

Ein Geist, der gut gegen die Feinde des schlechten Denkens gewappnet ist, kann sich unter den schlimmsten Umständen behaupten. Es gibt viele Gelegenheiten an einem Tag, an denen dein Verstand auf die Probe gestellt wird: durch die Menschen, mit denen du 8-10 Stunden lang im Büro zusammen bist, durch Familie und Freunde oder durch unsichtbare Hindernisse, die aus dem Nichts auftauchen und versuchen, dich aus dem Konzept zu bringen.

Es gibt Tage des Friedens, an denen nichts schiefgehen kann, und Tage des Chaos, an denen alles schiefgeht. Aber unabhängig vom Zustand der Welt, dem Wutanfall deines Ehepartners oder dem Zustand ungünstiger Bedingungen hast du die volle Kontrolle darüber, wie du auf alles reagierst.

Es sind nie die Umstände, die uns ängstlich, wütend oder machtlos machen; es ist nur unsere Wahrnehmung dieser

Umstände und die Art und Weise, wie wir uns in diesem Moment verhalten.

Wirst du wütend? Nachtragend? Würdest du dir wünschen, dass dir das alles nicht passieren würde? Auch wenn dein Geist in Frieden ruht, ist alles um dich herum - auch das Chaos der Menschen - in Aufruhr.

Die Menschen um dich herum sind ruhelos, reizbar, gierig, bedürftig, wollüstig, sehnsüchtig. Wenn wir unter dem Einfluss der Umwelt stehen, versuchen wir zu entkommen. Du läufst vielleicht weg oder meidest Menschen, um nicht in das Chaos des Dramas hineingezogen zu werden.

Aber wovor du fliehst, bleibt unbeaufsichtigt. Man kann einen Garten nicht unbeaufsichtigt lassen, nur weil er von Unkraut und Insekten befallen ist. Man pflanzt einen anderen Garten an und das Gleiche passiert wieder.

Was ist, wenn du ins Haus läufst und sie dir folgen? Wirst du dein Haus verlassen? Du verlässt also dein Haus und fliehst in eine andere Stadt, nur um festzustellen, dass sie das gleiche Insektenproblem haben.

Ein Meister des Geistes kann sich in jede Situation begeben und zur ungebrochenen Säule werden. Er kann dies tun, weil er seinen Geist trainiert hat, wahrhaftig und konzentriert zu bleiben.

Bei der Gedankenkontrolle geht es darum, den Geist zu beherrschen und in der Lage zu sein, die schlechten Gedanken herauszufiltern, die zu fehlgeleiteten Handlungen führen. Solange du deinen Geist unter Kontrolle hast, brauchst du dir keine Sorgen zu machen, dass du von den niederen Begierden, die immer nach einem Weg hinein suchen, übernommen wirst.

Du bist der Meister deiner Gedanken, der Krieger deines eigenen Geistes und der Wächter am Tor deines Bewusstseins.

Bleibe auf dem Pfad der Freiheit - der Freiheit, deinen eigenen Geist zu wählen, Täuschungen zu vermeiden und dich nicht länger an Situationen zu klammern, die leere Versprechungen machen.

Dein Geist ist der wahre Meister und du bist der große Künstler deiner Gedanken.

Träume weiter.

Scott Allan

Über Scott Allan

Scott Allan ist ein internationaler Bestsellerautor von mehr als 35 Büchern über persönliches Wachstum und Selbstentfaltung, die in 16 Sprachen veröffentlicht wurden. Er ist der Autor mehrerer Bestsellers.

Als ehemaliger Unternehmenstrainer in Japan und **Stratege für transformatorische Denkweisen** hat Scott mehr als 10.000 Stunden Forschung und Lehrcoaching in die Bereiche Selbstbeherrschung und Führungstraining investiert.

Mit seiner unermüdlichen Leidenschaft für das Unterrichten, den Aufbau wichtiger Lebenskompetenzen und die Inspiration von Menschen auf der ganzen Welt, ihr Leben selbst in die Hand zu nehmen, hat sich Scott Allan einem Weg der **ständigen und nie endenden Selbstverbesserung** verschrieben.

Viele der Erfolgsstrategien und Materialien zur Selbstermächtigung, die das Leben auf der ganzen Welt neu erfinden, stammen aus Scott Allans 20-jähriger Praxis, in der er Führungskräften, Privatpersonen und Geschäftsinhabern wichtige Fähigkeiten vermittelt hat.

Du kannst mit Scott unter folgender Adresse Kontakt aufnehmen:

scottallan@scottallanpublishing.com

www.scottallanbooks.com

Auch erhältlich von Scott Allan

PATHWAYS TO MASTERY SERIES

Besuche www.scottallanbooks.com für weitere Angebote von Buchpaketen und Waren für dein großartiges Leben.

Scott Allan

Meistere dein Leben Buch für Buch.

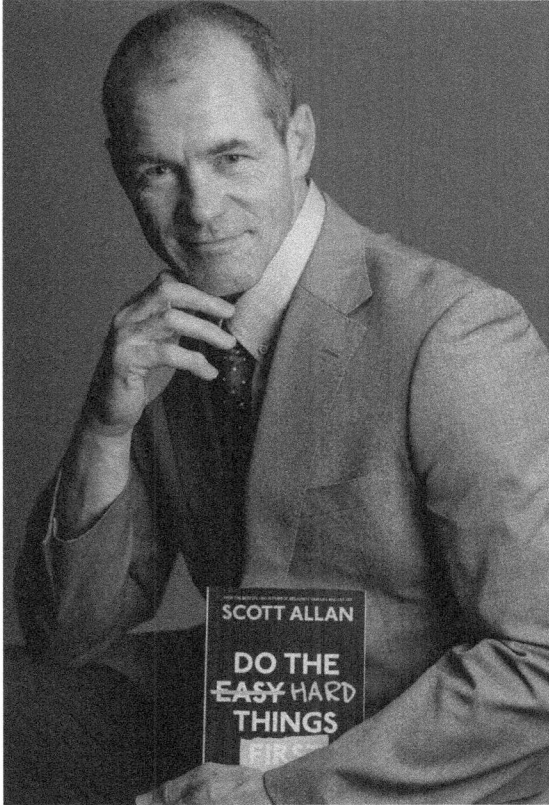

Abonniere den wöchentlichen Newsletter, um praktische Inhalte und Informationen über zukünftige Buchveröffentlichungen von Scott Allan zu erhalten.

Scott Allan PUBLISHING

MASTER YOUR LIFE ONE BOOK AT A TIME